商界诡道

CIA, INC.

——建立一个
属于企业自己的中情局

ESPIONAGE AND THE CRAFT
OF BUSINESS INTELLIGENCE

[美]F.W. 若斯特曼 著

周春湘 周奕婧 译

钱宏 校

中国社会科学出版社

图字：01-2011-3706

图书在版编目（CIP）数据

商界诡道：建立一个属于企业自己的中情局／（美）若斯特曼著；
周春湘，周奕婧译.—北京：中国社会科学出版社，2013.1
ISBN 978-7-5161-0911-3

Ⅰ.①商… Ⅱ.①若…②周…③周… Ⅲ.①企业竞争—竞争情报
Ⅳ.①F274

中国版本图书馆CIP数据核字(2012)第100041号

出 版 人	赵剑英
责任编辑	王 斌 艾 可
责任校对	范丽雯
责任印制	王 超

出版发行	中国社会科学出版社
社 址	北京鼓楼西大街甲158号（邮编100720）
网 址	http://www.csspw.com.cn
	中文域名：中国社科网 010-64070619
发 行 部	010-84083685
门 市 部	010-84029450
经 销	新华书店及其他书店

印刷装订	三河市君旺印装厂
版 次	2013年1月第1版
印 次	2013年1月第1次印刷

开 本	710×1000 1／16
印 张	13.25
插 页	2
字 数	213千字
定 价	29.80元

他杀死的人

托马斯·哈代

倘若我与他相遇
在一家老字号的酒馆里
我们就会坐下来
喝上几杯再分别

可是置身于战场中
大家面对面，目光相逼
我们互相射击
只想把对方置于死地

我要将他杀死，只因
他是我的敌人
仅此而已：我的仇敌当然是他
再明确不过；虽说
……

不错，战争古怪又离奇
你把同类射倒在地
如果是在酒馆相遇，你定会邀其举杯
说不定还借他半克朗钱币

不论过去，现在，还是将来，

谨以此书献给弗雷德、特雷、嘉百列及克莱顿·H.

推荐序:

不战而屈人之兵善之善者吗?

　　研究市场信息战多年,对国内外出版的商业情报类书籍搜集亦很多,却难得见到一本对企业家来说,商战实操性很强的市场信息战工具书,然而看到由周春湘、周亦婧两位译者翻译的 F .W.若斯特曼著的《商界诡道——建立一个属于企业自己的中情局》一书,却使我眼前一亮,立想一窥究竟。一口气读完译稿后,遂不禁掩卷叹曰:"无商不间也!"

　　俗话说,"商以诚立"是经商之"道"! 但国内外的企业家们面对着残酷的市场竞争的现实,却不得不使出浑身解数去寻求"商以间立"的经商之"法"。正是由于市场中广泛充斥着企业间这种"道"与"法"的博弈,因此"市场竞争"就逐渐演变成了"市场战争",而横行战场战争数千年的军队统帅统兵作战之法——《兵法》,也就成了当今市场战争中企业统帅经商谋利之法——《商法》!

　　何谓道? 何谓法? 实在难懂! 余研究兵战与商战数十年,窃以为,自古至今就"兵本无道,商亦无法",是故"兵法"即为"商法"也! 余为求证,故创立《市场战争学》效法之,更有甚者:享誉中外的中国兵法大师孙武也不得不承认这一点,而自号陶朱公的中国商圣范蠡,却不折不扣地成功实践了上述结论。

　　在2500年前的春秋战国时期,兵法大师孙武曾经不断大声地向所有处于混战中的君王和诸侯们疾呼:大家不要攻城夺地的厮杀了,一定要"不战而屈人之兵"呀，你们只有这样才能"善之善者也"啊！于是，这些各自雄霸一方的统帅们齐声问道，我们如何才能不战而"屈"人兵呢？

孙武道：很简单，不就是"知己知彼"加"知天知地"吗！统帅们急问，怎么"知"呢？孙武曰：天机不可泄露，一句话——就是"兵者诡道也"！于是，众王皆疑问曰："诡道"不是"正道"啊！我们要走"正道"！孙武不耐烦地说："兵者，死生之地，存亡之道"，战争一起，生死关头，性命攸关，（心里说：一群傻帽！）你们还要走"正道"？还想"不战屈人兵"？

虽然众王内心都想求"诡道"之法，但却碍于所谓的"正道"面子，故都恋恋不舍而归，而只有吴王未走，并痴痴地望着孙武，欲言又止。孙武看了看他，叹了口气说道：只有孺子可教啊！于是传授吴王"不战屈人兵"的"诡道"之法——即"用间"！

事实上，《孙子兵法》13篇，主题虽为"不战而屈人之兵"，但12篇讲的不是谋攻，就是作战等，而这些方法都不可能达成"不战而屈人之兵"的兵战最高境界这一兵法主题。本人研究孙子兵法三十年有余，一直在其中苦苦寻找"不战屈人兵"之法，十年前才恍然大悟方知全篇皆无！于是，窃以为只有"用间"一篇，是唯一能够达到"不战屈人兵"之目的的根本之法。由此可见，孙武之书12篇，篇篇都是废话，只有"用间"一篇才是"知天知地"的"真言"矣！

何为"用间"之法呢？若斯特曼所著的《商界诡道——建立一个属于企业自己的中情局》一书，正是从对孙武和孙子兵法的"用间"之法开始，为广大读者描绘了现代商业情报界的现状，介绍了企业家如何用间、反间的实用方法和措施，并对"间谍就在你身边"，进行了全景式的诠释。

本书用词朴实无华，内容引人易读，所选"用间"事例，均为现实世界发生过的重大案例，包括作者自己作为中央情报局特工时期以及其退役后创办CTC国际情报公司所经历的"用间"实例。作者通过一个一个生动的、有些是鲜为人知的用间故事，叙述了什么是商业情报，什么是商业间谍，商业情报对企业经营成败的重要性，怎么进行商业情报的收集、商业间谍的招募、如何进行信息保护，如何反间谍，以及现代市场竞争中恐怖主义与商业间谍无处不在的预警和提示，对身处信息化社会的人们和处于日益激烈的市场竞争环境中的企业和企业家们，在日常工作生活和市场战争中以"用间"之法，不战而屈人之兵，具有重要的现实指导意义和实用参考价值，是每个企业家迅速练就一身"无商不间"真本事所必备的一本商战秘籍！

张天平（国防大学战略学博士，市场战争论体系创立者）

2011年12月29日于百望山下无名居

译者序：

企业该如何向中情局学习

1981年6月的一天，日立公司的一位代理商给总部的高级工程师林贤治送去了一份神秘的包裹。林贤治充满疑惑，小心翼翼地把包裹打开一看——里面居然是IBM公司308X系列产品的27卷绝密设计资料中的10卷复印件。这简直是天降大礼！惊喜之余，林贤治又迫不及待地想得到其余的17卷资料，以便能够掌握308X系列产品的全部核心机密。他思前想后，决定与日立的一位合作伙伴——柏林电脑技术咨询公司的董事长马克斯韦尔·佩利取得联系，希望后者能助他一臂之力。

然而，这是一个致命的错误。

林贤治有所不知，佩利在成立自己的公司之前，曾在IBM工作过21年，对IBM有着深厚的感情。他接到了林贤治的请求之后，立刻向IBM通风报信，并警告道："日本人想摘取你们皇冠上的宝石。"

IBM方面对这一消息十分重视，立刻派了负责保密工作的查德·卡拉汉会见了佩利。查德·卡拉汉曾是美国联邦调查局（FBI）的特工，他说服了佩利，让他充当双面间谍，与IBM公司合作，展开一场诱捕行动。

1981年11月，在佩利的引荐下，林贤治认识了格兰马尔咨询公司的总裁哈里逊。两人相熟后，哈里逊又借机介绍林贤治认识了卡拉汉。

实际上，这位"哈里逊总裁"的真实身份，是FBI的一名反间谍情报官员。利令智昏、毫不设防的林贤治根本不知道，自己其实已经步入了一个巨大的圈套之中。他与哈里逊和卡拉汉二人推心置腹，成了至交好友，并向他们摊牌，说自己想得到那剩下的17卷机密资料。而这二人也满口答应着，保证定会助其一臂之力。

1982年6月22日，按照约定，林贤治兴冲冲地赶到格兰马尔咨询公司"取货"。不料，刚踏入公司大门，他就被带上了手铐……

这起震惊世界的经济间谍案，被称为"新珍珠港事件"。

IBM公司算是幸运。因为，如果当中任何一个环节出了点岔子，那么他们"皇冠上的宝石"很可能就会被日立公司偷走了。

在"财富1000强公司"中，每年因商业机密被窃而造成的损失，竟高达450亿美元，平均每年每家公司遭难2.45次。这是一个惊人的数字。

也许，很多企业根本就不知道，他们究竟是怎么把信息外泄出去的。但是，在竞争对手的情报专家眼中，每一张照片、每一次采访、每一篇文章，都是他们搜集情报的对象。

继资金、技术和人才之后，商业情报已经成为了决定企业存亡的第四大生产经营要素。美国未来集团的一项调查数据显示，搜集情报为企业盈利所占的百分比：微软为17%、摩托罗拉为11%、IBM为9%、宝洁为8%、通用电气为7%、惠普为7%、可口可乐为5%、英特尔为5%。而且，近年来，这一数字还在不断地上升。

真正的大型企业都设有情报部门，他们把触角伸遍世界的每一个角落，覆盖全球所有的行业。间谍方阴谋阳谋、暗招明招一起上，反间谍方则见招拆招、时刻小心提防。一场场情报战与反情报战正不断地打响。波音公司告诫他们的员工，不要用欧洲和亚洲生产的传真机来发送机密文件；法国宇航公司和加拿大北方电信都规定，外出商谈的员工必须飞回本土探讨商业机密；苹果公司要求，每次开完会后，都要擦干净会议室的黑板，他们甚至贴了一条标语："当你们使用完这个房间之后，就轮到商业间谍使用它了。"在奋力搜集着竞争对手的情报的同时，它们也在防止被竞争对手"摸清底细"。可以说，情报部门就是属于企业自己的中央情报局。

《孙子兵法》有云：知彼知己，胜乃不殆；知天知地，胜乃可全。这部"兵学圣典"中的精华之道，早已被外国人学了去。照理说，《孙子兵法》这部最早的情报学典籍出在中国,我们本该占尽先机,经过了2500年的修炼,在这方面早就该独领风骚了才是。可事实上,近代的情报学和竞争情报学却都起源于西方。

西方早就有闻名遐迩的克罗尔国际金融侦探社,竞争情报的先驱佛路德公司,以及许多像"公司警犬"那样的网站。而在这一方面,中国是很欠缺的。从2009年轰动一时的"力拓间谍案"就可以看出,在我国某些重要的经济领域,商业间谍的渗透已经严重到了什么程度。这是因为,对于"情报",我们始终存在着理解误区。

提到"情报"你会想到什么?雅典信使的乱码字母腰带?纳粹特工的莫尔斯电码?还是声色货利的叛国贼?抑或是尔虞我诈、钩心斗角的暗战?说到情报,许多人都会感到神秘和不可思议。其实,情报并不是特工和间谍的专利,也不是非要坑蒙拐骗才能到手。收集情报并不等同于间谍行为,它们之间的区别,就在于是否具有合法性。事实上,有95%的情报都来自于公开搜情,有4%来自半公开资料,仅有1%或更少才属于机密资料。大部分的情报都是摆在眼前的东西,只是看你有没有搜集的意识,有没有搜集和利用情报的方法。

在英汉词典中,"intelligence"有"情报"和"智慧"两重含义。由此可见,在西方人的观念中,没有情报,就没有智慧。情报并不是简单的"拿来主义",情报是决策分析的最终结果。如果没有"intelligence",那么就无法做出正确的决策;如果没有正确的决策,那么也就不会获得成功。所以,若是一家企业想要获得成功,首先要做的,就是在内部建立一个属于自己的"中央情报局"。

本书的作者F. W. 若斯特曼,就是一名中情局的前任情报官员。这位功绩卓著、为中情局立下过汗马功劳的英雄会在书中告诉你:什么是情报,以及它为什么如此重要。退休后的情报官员绝非没有用武之地,他们在"农场"(中情局的秘密训练基地)里所接受的那套训练,完全可以在商战中发挥得淋漓尽致。比如说,若斯特曼先生就在退休后成立了CTC国际集团,在另一个领域中,他创造出了又一次的辉煌。

在书中,作者将商战、谍战、军事战争三者融会贯通,又结合了大量亲身经历或者亲自分析的典型案例,写得很是精彩。也许,读者更感兴趣的部分是，书中有许多各国政府间的谍战内幕揭秘，其内容涉及经济、政治、军事、反恐等各个敏感领域。大部分的案例以前闻所未闻，就连译者在翻译过程中也看得津津有味、相当过瘾！所有有关中情局的行动计划也都写得十分详细，甚至有一种在看《不可能的任务》的感觉。而且，在这些看似与经济学无关的案例之后，作者都总结出了商界可以从中获得的教训，如此举一反三，学以致用。

这本书还会教你如何搜集情报，如何运用情报，如何避免成为金融诈骗的受害者，甚至如何避免成为恐怖分子的目标，等等。

由于牵涉到大量的特工行动，所以，出于职业习惯，作者用的全都是情报学的术语和行话。这大大地增加了翻译的难度。不比一些热门学科，情报学本就是极其隐秘晦涩的，这方面的资料十分难找。即便是有英语资料可供参考，可许多"黑话"、"行话"一旦翻译成中文，语意就完全不同了。而且，由于某些事件的敏感性或特殊性，书中提到的许多案例也几乎无处可寻，很难找到更详细的材料为读者做出进一步的解释，这点十分遗憾。不过，为了增强文章的可读性，也为了尽量还原出原文在描述案例时的那份惊心动魄，所以，在翻译时，译者并不雕词琢句、强从直译，只求能达意传神，留住原味便好。尽管做了这样的努力，但是，出于资料难寻以及一些预料外的原因，翻译的时限甚至紧迫到了"分秒必争"的地步，因此难免会有缺憾。如果发现了有偏差的地方，欢迎读者指正赐教！

感谢中国社会科学出版社王斌、武云、艾可等老师对我们的支持；感谢张天平老师百忙中抽空为本书作序；感谢钱老师对我们二位新人的耐心指导并亲自校对全书。

总之，很高兴能和读者用中文分享这本书，相信各位在读完之后，也一定能有所收获。

周奕婧　周春湘

2012年10月10日

| 目 录 |

引 言：孙武和《孙子兵法》

直至今日，成书于中国2500多年前《孙子兵法》仍被奉为军事战略和策略的经典。早在那时，孙武就意识到，只要掌握精确的情报，就能立于不败之地。

在《孙子兵法》中，有一整章是专门描述该如何指派间谍去搜集敌军的情况和意图的（即《用间篇》——译者著）。孙武认为，这类信息是无法通过通灵、占卜、计算或通过对往事的比较来获得的；只能由熟悉敌军状态的线人提供（故明君贤将，所以动而胜人，成功出于众者，先知也。先知者，不可取于鬼神，不可象于事，不可验于度。必取于人，知敌之情者也）。孙武把这类秘密间谍称为"神纪"（五间俱起，莫知其道，是谓神纪，人君之宝也）。

孙武把秘密间谍分为五类：乡间、内间、反间、死间和生间。所谓乡间，就是利用敌国的乡人做间谍；所谓内间，就是利用敌国的官吏做间谍；反间，就是利用敌间做间谍；死间，就是在外散布假情报，并故意让潜伏在敌人内部的我方间谍知道，再传给敌间；生间，就是潜入敌国侦查后，还能返回报告敌情的人。孙武非常重视"用间"，并给间谍优厚的奖赏。他甚至在《孙子兵法》中写道："故三军之事，莫亲于间，赏莫厚于间，事莫密于间。"

就算是在现代社会，间谍的作用也不容忽视。中情局最主要的任务之一，就是招募和操纵间谍。《孙子兵法》中所提到的五种间谍，用今天情报界的行话来说，分别是：低层渗透谍员、高层渗透谍员、双面间谍、秘密行动特工及谍探。其实，就算是在现今社会，谍报界的情形也与古代并无太大差异。毕竟，间谍是一个仅次于杀手的第二古老的职业。

在国防领域中，没有什么比在敌国政府或军队的内部所安插的间谍更有价值的了。因为，这些情报人员能够确切地掌握敌军的动向。当然，大部分情报搜集的技术手段（卫星、航拍、通信截获等）仅能让我们知道敌军目前的状态。如果想要了解敌军的动向和意图，则必须经过另一个步骤来判断。这个步骤就是情报分析。

在孙武的那个时代，还不具备现代那么发达的搜情手段（例如科技搜情等），只有人力搜情这一种方式在独领风骚。而本书中的大部分内容，也都是关于人力搜情的。这是因为，只有人力搜情才是最高效、最低成本且最有效果的一种搜情方式。当然，我们也不能忽视其他搜情方式的重要性。

现如今，人们还可以使用开放的信息源来进行情报搜集，例如：电脑数据库、互联网等。

从20世纪90年代起，由于个人电脑的诞生、全球网络的畅通及廉价的即时信息数据库的普及，导致了商业情报领域始终战争不断。但是，在政府的情报领域之中，我们所遇到的问题从来都不是缺少信息源，而是缺少合格的情报分析人员，以及情报转译人员。我们正处于一个信息爆炸的时代。无论是关于个人或公司的信息，还是国内或国际的信息，只要有了电脑，我们就都能以"快又省"的方式获取。在电脑和网络普及以前，人们总是花费大量的时间在图书馆查资料，或是在街道上盲目地问询，这样的信息搜索过程实在耗时耗力。所以，大部分的公司在做决定之前，根本就不进行任何的核查工作，只是一味地跟着感觉走。于是，他们只能听天由命。

每一个世界大国都认识到了情报及雇用搜情人员的重要性；各个国家的军队都会想方设法地探得对手的军事信息，以及地形信息。早在孙武之前，那些古人们就这样做了。

而在国际商业领域，企业面对着陌生的异国环境、法律的规则差异，以及客场竞争的劣势，这个时候，就更应该在情报工作上狠下工夫了。

那么，为什么有许多企业还是继续忽视这类商战，还要打无准备之仗呢？原因很简单，因为他们不愿在情报搜集方面花费额外的开支。他们天真地认为，他们能毫不费力就能弄到竞争情报。九泉之下的孙武，如果看到这种情形，该会如何地不安啊。

从久远的古代开始，人们就已经认识到客观完整的情报所具有的无可比拟的价值。这似乎也发展成为一种真理。顺之者昌，逆之者亡。

总之，早在公元前500年，孙武就知道要通过搜集情报来了解敌情。这条规则同样适用于今天的商界。建立一个属于自己的中情局，提前了解运营环境及竞争状况的重要性不言而喻。这是企业成功的秘诀。

第 一 部 分

商业情报：
什么是商业情报及我们为何需要它

现今，竞争激烈的商业领域就如同战场一般，掌握竞争对手的动态已经变得越来越重要。尤其是在国际舞台上，更要清楚竞争形势和对手的底细。在战场上总是会有"雷区"，你必须要学会如何辨认它们，以避免误入"雷区"。掌握了精确的情报，就好比是在黑暗中拿着一支手电筒。虽然它不能帮你清除掉路障，但它却能把这些障碍一一照亮，以免你被绊倒。

11

商业情报的技巧

　　孙武并不是一个只会纸上谈兵的老学究，事实上，他是一位有着丰富实战经验的将领。而且，他还将他所著的《孙子兵法》中的计策，犀利地运用在了实战之中。

　　下面的故事，会让你对孙武其人有一个初步的了解。

　　在2500年前的一天，吴王阖闾召见了孙武，并给他出了这样一个难题：能否像训练士兵一样，用宫女来练阵呢？孙武说，可以。于是，吴王从宫中选出了180名年轻漂亮的宫女，把她们送到了孙武的部队中，命令他教会她们队列动作。

　　孙武先把宫女分成左右两队，又指定了吴王最宠爱的两位美姬作为左右队长，让她们带领宫女进行列队操练。他说道："向前，就是目视前方；向左，视左手；向右，视右手；向后，视后背。"孙武把这些操练要领重复解释了几遍，并问宫女们，是否明白将要训练的内容。宫女们都回答说明白了。

　　随后，他让两队集中注意力，并命令她们向右看。然而，听到口令后，宫女们都一个个捧腹大笑，根本没人理会孙武的口令。于是，孙武只好让宫女们安静下来，说道："如果是我的口令不够清楚，那就是我个人的错。指挥者必须要保证自己的口令准确无误。"孙武又把他的口令重复了三次，解释了五遍，最后再问她们，有没有听明白。宫女们都回答说明白了。于是，孙武再次喊出口令："向左看。"可这次，队伍中又爆发出了阵阵笑声。

孙武只好再次让队伍安静下来，说道："如果是我解释得不够明确，或者我的口令不够清楚，那么就是指挥者的错。不过，如果口令很清楚，但你们却没能执行，那么就是队长的错了。"于是，孙武召集了官吏，根据军法将吴王最宠幸的两位美姬队长斩首示众。

孙武最不能容忍的，就是这种目无军纪的行为。

事后，吴王得知了此事，自然对孙武的做法大为不悦。但孙武不顾龙颜大怒，仍然毫不让步地对吴王说，作为指挥者，他的命令就是终极命令，并劝谏吴王不要干涉他的军令。之后，他邀请吴王来校场检阅，看他是如何带这两队演练的。

孙武又重新选出了两名女子来带队，再次开始了训练。他命令她们向左、向右、向前、向后，宫女们都一一准确回应，在队列中听不到一丝笑声。这时，他对吴王说："这支部队秩序井然。现在，她们可以听令于大王，就算是要为您赴汤蹈火，也在所不辞。"

吴王的怒气很快就消散了。在之后的几年里，孙武为吴王立下了不少汗马功劳，打了好几场胜仗，西破强楚，北击秦、蔡。得益于孙武的军事谋略和智慧，吴国才得以安稳统治一方，长达百年之久。

其实，时至今日，仍然有许多军事家和商界精英从《孙子兵法》中学得智慧。

⊙ 战胜敌人

商场如战场，切不可掉以轻心。也许商场上并没有腥风血雨，但是，适者生存，却是不变的法则。至今，美国海军仍要求每位军官必读《孙子兵法》。由此可见，孙武在古时所创立的战略计策，在今天依然适用。

要想在如今残酷的商业环境中生存下来，我们必须要充分地武装自己。准确地把握竞争对手以及商业环境的信息，这才是商人所拥有的致命武器。换句话说，就是要掌握有关敌军以及作战地形的具体军情。

早在2500年前，孙武就在《孙子兵法·谋攻篇》中提出："知己知彼，百战不殆；不知彼而知己，一胜一负；不知己，不知彼，每战必殆。"腓特烈大帝也说过类似的话，以表明情报的重要性："打败仗情有可原，但决不能沾沾自喜。"

现今，竞争激烈的商业领域就如同战场一般，掌握竞争对手的动态已经变得越来越重要。尤其是在国际舞台上，更要清楚竞争形势和对手的底细。在战场上总是会有"雷区"，你必须要学会如何辨认它们，以避免误入"雷区"。孙武提出，如果不具备地利，那么，就算是拥有最精锐的部队，你也可能会打败仗。

掌握了精确的情报，就好比是在黑暗中拿着一支手电筒。虽然它不能帮你清除掉路障，但它却能把这些障碍一一照亮，以免你被绊倒。

◉ 时刻准备着

认识到准确可靠的情报的重要性，只不过是武装自己的第一步。而第二步，就是雇用专业人士去搜集那些情报。有些公司（如AT&T）在其机构内部就设有实力雄厚的特殊情报部门。而其他一些公司，则会从外部机构聘请专业的咨询人员，来摆平情报搜集这个难题。

像情报搜集与情报分析这类工作，既神秘晦涩又充满了挑战，并不是人人都能胜任。通常来说，只有受过训练的专家才能够当此重任。为了学会使用中情局的秘密训练设备，中情局的情报官员一般都会花费一年左右的时间，在外接受专门的训练。在他们获准去外界大展拳脚之前，他们必须参加正式的情报培训课程：如何通过秘密谍报技术来完成搜情任务；如何评估这类线报的准确性；如何将信息精确、公正而又不带有任何主观情感地汇集起来。这都是他们学习内容的一部分。联邦调查局和警察局也会对他们的官员进行搜情方面的培训。后两者更强调运用警察（或FBI）证件的威慑力，而中情局则更倾向于使用比较隐秘的方法来获取情报。中情局往往会更加依赖掩护身份，并对外界宣称不知情，以此来最大程度地确保情报的严谨性和保密性。

因为存在着培训、资源以及既得利益的问题，那些依靠内部资源来搜集商业情报的公司，通常很难把握到客观的信息。基本上，公司的人事部门都没有经过专业搜情技术的培训，也没有那些必不可少的资源（如：其他公司的电脑数据库、人事通讯录等），所以，他们很难搜集到所需的信息。于是，那些和公司利益紧密联系在一起的公司内部人员，当然不可能毫无偏见地、客观地来汇报信息情报。他们所搜集的情报，往往只是为了附和公司的政策，甚至只是为了取悦上级。因此，企业才需要从外部机构雇用专业的情报咨询员，让他们去完成最棘手和最敏感的情报搜集任务。

◉ 什么是商业情报

总的来说，商业情报主要可以分为三大类：风险分析、定向搜集和反间谍活动。

风险分析是指，为了安全有效地在一个不熟悉的商业环境中运营（尤其是在国际舞台上），公司需要对目标环境的背景信息做一个大致的分析。比如：目标地区的经济、政治、危险犯罪分子、暴乱者、劳工等其他因素，是否会对公司的运营造成不利的影响。风险分析的目的是，让公司提前对可能发生的事情及其后果有所把握，并尽量确保零风险运行。

定向搜集是指，公司为了增加盈利和市场占有率，而对特定信息进行搜集的过程。市场分析、尽职调查、对潜在合作方和工作人员的背景调查以及对竞争对手的情报调查，都可以归入此类。

反间谍活动是指，为了保护公司的财产利益而进行的搜情过程。这也许令人难以置信，但是，据美国白宫估计，由于商业间谍活动及侵权行为猖獗，美国每年的经济会因此而遭受1000亿美元的损失。当公司的专有信息处于申请审核阶段时，专利申请证书、版权和产品信息等资料有时会泄露或遭遇盗版，甚至可能会被竞争对手完全拷贝。在这种情形下，公司就需要采取法律措施来防止商业机密的外泄。

反间谍活动的核心，就是揪出公司的"内鬼"及其幕后指使者，以便获得足够的证据将这些"幕后黑手"绳之于法。

在后面一章中，我们将用更多的实例细节，对反间谍活动展开进一步的解释。

◉ 埃塞俄比亚的风险分析

1990的一个秋天，在棕榈滩县（位于美国佛罗里达州，译者注），我刚要打开行李包，一声电话铃响，引起了我的注意。

电话是从中情局的就业过渡中心打来的。这个中心专门服务于那些中情局的退休人员，让他们在离开中情局之后，可以顺利地开始属于自己的生活。的确，有不少曾受雇于中情局的人员从中受益。工作人员在电话那头解释道，她刚接到麦克瑟斯能源公司的一个电话（这家公司位于美国得克萨斯州的达拉斯市，跻身于世界石油与天然气开采公司500强），她告诉我说，麦克瑟斯公司很想找一位熟悉埃塞俄比亚国情与地理环境的人。而早些年，我曾担任过中情局驻埃塞俄比亚的负责人。那位工作人员问我，是否方便把我的名字和联系方式透露给这家公司。我给了她肯定的答复。

这个电话过后不久，麦克瑟斯公司安全部门的经理大卫·伯顿就主动与我联系，大卫告诉我说，根据麦克瑟斯公司的石油工程师和地质人员的探测表明，在埃塞俄比亚的欧加登地区，很可能蕴藏着丰富的石油和天然气。麦克瑟斯公司一直很想派人去当地一探究竟，但是，除了知道欧加登地区藏有丰富的石油资源外，他们对埃塞俄比亚的经营环境以及欧加登地区的形势几乎一无所知（当时，那里的形势的确非常不妙）。这就是他们需要进行风险分析的原因。必须通过详细的实地调研，他们才能了解，若是想太太平平地在这个国家经营公司，他们都会遇到一些什么障碍。

在我所呈上的风险分析报告中，我借鉴了自己以往在这个国家的经验，以及来自多方面信息源的信息，这些信息来源于以下途径：我与埃塞俄比亚方面打交道时的访谈、电脑数据库、新闻档案室、新闻通讯社、国务院数据库、经济出版物，以及第一手的调查分析。这些信息涉及政治、经济、叛乱形势、街头犯罪等各个领域。最后，我还附上了一份埃塞俄比亚的文化和民族概览。其中包括对埃塞俄比亚的政治及国家风险的分析：现有的政权是否稳定？如果不稳定，那么之后的掌权者会不会遵守前政权所做的承诺？也包括对经济形势的分析：埃塞俄比亚的货币是否稳定？当地货币会不会被轻易废除？合同中所涉及的钱款到底是该按美元来签订，还是按埃塞俄比亚的货币来签订？还包括对叛乱局面的分析：如果去欧加登地区开采石油和天然气，那么公司可能会遇到什么样的危险？什么样的保卫措施可以降低安全风险？甚至还包括对街头犯罪问题的分析：该如何保护工作人员的住所和设备？

简而言之，这份评估报告使得麦克瑟斯公司的执行官对埃塞俄比亚的形势有了一定的了解。它就像是一把手电筒，为黑暗中的行进者照亮了前路，使他们有勇气向前迈步。使行进者知道前方有什么可以期待，而不至于到处碰壁。现在，他们已经可以预算出潜在的风险和可能的收益，以及这二者之间到底孰轻孰重。

◉ 聚焦索马里兰

在接下来的两年中，我一直与麦克瑟斯能源公司打交道，不断地为他们提供稳定的信息。并指导他们，该如何在埃塞俄比亚（尤其是在非常危险的欧加登地区）安全地开展工作。然而，当事情过半，有一天我却突然接到了大卫的一个电话。电话那头的他显然有些恐慌，他说，麦克瑟斯董事会的成员想知道，公司有没有可能拿下索马里北部（与目前的石油开采地欧加登边境相隔不远）的石油开采特许权。他很快又补充道，公司对摩加迪沙的索马里不感兴趣，他们所感兴趣的是索马里北部的情况，也就是新成立的那个索马里兰共和国（首都在哈尔格萨）。

当我还在埃塞俄比亚为中情局工作的时候，我就十分清楚索马里北部所存在的问题。这个地区在英属索马里兰殖民统治的期间，就一直处于无政府状态。由于摩加迪沙政府反对其独立，再加上部落头头儿为了争夺领导权和控制权而引起的纷争，从而造成了军阀割据的局面。因此，这里常年处于战争状态。由于政府没有充足的税收，所以他们根本没有什么资金来供养部队，就更别提还要养公务员了。更糟糕的是，麦克瑟斯公司所垂涎的那片开采石油的地区，简直可以称得上是抢匪成群。而且，由于常年的边境战争，那里还遗留下了许多地雷。在我的风险分析报告里，把这些问题都一一指出。不过，麦克瑟斯公司并不顾这些危险因素，还是决定要深入险境，作更进一步的调查。公司决定展开定向搜集。他们尤其想要知道，在埃塞俄比亚和欧加登的交界处，是否还有可能得到石油开采权。因为，据他们听说，这里所有的开采权都已经授予其他的公司了。

这些信息都很含糊，再加上档案记录零零散散并不完整，所以，许多消息都不准确。要想得到准确的档案记录，就必须去买通那些索马里政府养不起的公务员，然后，再利用他们去查找信息，并得到政府内部高层的帮助。最好还能与水矿资源部内部的工作人员建立起联系。

通过我在埃塞俄比亚的关系网，有一名线人告诉我，他有一位来自柏培拉索（索马里港口城市）的马利族朋友，他有门路可以与水矿资源部的部长穆哈穆德·阿里阿提取得直接联系，因为阿里阿提是他这位马利族朋友的族亲。这对于我们来说，这简直是个从天而降的好消息。这位部长完全可以解答我们的问题，并帮我们做出重要安排。很快，在邻近的吉布提共和国，我们成功地安排了公司上层与阿里阿提之间的会面。陪同公司高层随行的，还有公司的两位谍探。

在接下来的两天里，他们与这位部长饮酒狂欢，并进行了谈判。

当他们返回到了亚的斯亚贝巴市之后，立即同我取得了联系，并向我汇报了会谈的结果。与麦克瑟斯公司先前所掌握的情况一样，这位部长告诉他们，大部分的石油开采权已经发放给了几家大型石油公司，比如德士古石油公司、康菲石油公司、雪佛龙石油公司、阿莫科石油公司和阿吉普石油公司等。这些开采权都已是铁板钉钉的事实，根本没有收回的可能。但是，布拉奥边境地区的开采权（离麦克瑟斯公司在埃塞俄比亚的石油开采处不远）还未成定数。目前初步决定，这块地区的石油开采权会归联盟开采集团公司所有，但是，先前与联盟开采集团公司所签订的开采权协议很有可能会被取消，因为，这家公司未能完成协议上所规定的某些条款。接着，他又透露道，如果麦克瑟斯公司有意想要接过这个开采权，他很愿意终止之前与联盟开采集团公司的合作协议。他还暗示说，麦克瑟斯公司必须多付出一点代价，因为开采权的出让价格上涨了。而且，据得到的消息说，麦克瑟斯公司也需要付给阿里阿提一笔佣金。

获知这些情况后，麦克瑟斯公司的董事会举行了一次会议，一起商讨在索马里兰共和国投资的利与弊。根据我所提供的风险评估，他们又再三权衡了这次的投资风险和投资成本（包括给政府官员的贿赂——有关这个我们将在另一章中详细讨论），董事会最终决定，公司不应去冒这个险。我不清楚他们现在有没有后悔这个决定，但可以肯定的是，董事会当时是建立在可靠信息的基础上，通过谨慎分析后做出的这个决定。事到如今，再回过头来总结这次事件可能有点事后诸葛亮的味道。不过，就此后数年索马里政局的恶化情况和动荡程度（就连美军在此地的军事介入也惨遭失败）来看，麦克瑟斯公司当年没有去冒这个险，实在是太值得庆幸了。

◉ 情报搜集过程

情报搜集是一个系统的过程，它要求拥有出色的分析技巧，并应用准确的方法，最大程度地确保信息的准确性。当有了情报需求之后，这个程序也就随之开始运转。在美国政府内部，白宫、五角大楼、国务院、法院和其他部门都会有情报需求。然而，在商界，公司总裁和高管人员亦会对情报有所需要。这些人物清楚地知道，他们需要掌握哪些具体的信息，才能保障他们高效地开展商业活动，且无后顾之忧。他们也知道，哪里才能得到那些能帮助他们打败竞争对手的宝贵的商业信息。他们只是不知道该如何去搜集。

也就是说，全部过程都从一个问题开始，那就是：总裁想要知道什么？这一点才是最重要的。这就要求总裁们在分析和提炼问题的时候，从无的放矢，转化为具体细致。比如，从"我想知道有关竞争对手的所有信息"，到"对方打算在雅加达用什么策略来赢得合同"，或者"对于进军拉美市场，竞争对手有着什么样的计划"。一旦确定了对情报的要求，下一步就是要做一个目标分析。换句话说，就是需要观察对方的机构，并判断出从对方内部的哪个部门可以得到所需要的信息，是市场营销部门，还是技术开发部门，亦或是法律咨询部门，等等。一旦锁定了目标部门，就可以从中筛选出几个关键人物，并对他们进行观察和评估，之后再确定，谁才会是最可靠的消息来源。最终，当选定目标人物后，就要对他展开行动，争取从他身上套出所需要的情报。在这一过程中，通常会采用一些秘密手段，以便在暗中搜集情报，如：套话、归询、利用掩护身份进行定向问询。除了地下搜集以外，也会采取一些公开的手段，比如：信息库搜索、与消息灵通人士进行面谈等。

无论是政府情报还是商业情报，在情报搜集的过程中，都包含了以下四个主要步骤：

第一步：确认情报要求，了解情报目标。

第二步：根据情报要求，利用公开情报源搜集信息（如数据库及出版物等）。

第三步：分析、过滤公开的信息，写出一份可信的初步报告。

第四步：找出信息中的漏洞，并用秘密搜情方法来完善信息，再写出完整的报告。

以上是情报搜集和情报分析中最有效的四个步骤，也是中情局和其他的政府情报机构一贯使用的方法，同时，也是搜集商业情报的不二法门。

◉ 不打无准备之战

如果不事先做好准备就贸然采取行动，那么管理者是注定要失败的。成功人士永远都懂得什么叫做有备无患。几年前，当我在"农场"①给中情局的新人们讲授情报技术课程的时候，我就教导他们，充分的准备工作是情报事业中最关键的一步。当然，合格的情报人员都应当具备现场应变的能力，但是，顶尖的情报人员绝不应该怀有侥幸心理，从而省去准备工作。若想成为一名优秀的情报官员，就应该提前为突发事件做好万全准备，以防临场遭遇突发事件而措手不及。

这条法则在商场同样适用。

孙子曰："相守数年，以争一日之胜，而受爵禄百金，不知敌之情者，不仁之至也。"这里所说的"不仁之至"，在我看来，应当用"愚蠢之极"才更为恰当。当年，孙武所悟出的军事策略，在如今的商界也同样适用。

"知己知彼，百战不殆"。只要你不会临场退缩，那么，一旦掌握了这条原则，你就能立于不败之地。

---

① 农场：中情局的秘密培训基地。位于弗吉尼亚州的皮里营，即美国间谍学校，对内称三军实验训练基地，对外称"农场"。

情报的重要性

情报是这样产生的：首先，要进行详细的调查研究，做好准备工作，并就相关主题的信息进行搜集。然后，再将搜得的信息经过核对、分析，最终才能传递到决策者的手中。此时的情报，已不再是初始信息了，它已经过评估和审核。应当事先撒网以全面捕获信息，再对已搜集的信息加以分析，采取去伪存真、去粗取精的方式甄选出有效信息。如果没有经过这些步骤，就不该贸然运行新的项目。

◉ 失策的实例

我们为什么需要商业情报？在实施计划之前，我们为什么要做调查？现在，就让我们来看几个糗例。只要决策者稍稍做一些基本调查，那么，就能避免这类啼笑皆非之事的发生。

◉ 50分港币风波

在20世纪70年代中期，当时的香港当局新发行了面值为50分的港币。可麻烦的是，无论是形状、尺寸和颜色，它竟与现有的20分港币长得一模一样。香港居民实在难以分辨这两种硬币。居民为这事大发牢骚，公开抱怨甚至嘲笑政府竟犯了这样低级的错误。人们在新币上涂上指甲油，用以区分这两种硬币。在发行一年之后，这枚令当时的香港当局饱受骂名的50分硬币终于退出了流通市场。

很蠢，是吧？其实，其他国家的政府也碰到过类似的问题，如果事先稍作调查，那么这场闹剧也就可以避免了。然而，这样的闹剧是不是再也不会重演了呢？

那些不懂得从历史中总结经验的人，注定会重复同样的失败。就在数年后，美国政府发行了以苏珊·布朗尼尔·安东尼（美国女权主义领导者——译者注）为头像的一美元银币。这枚银币竟跟25美分长得十分相似！美国政府居然重蹈了香港政府的覆辙！而这背后的原因也是一致的——他们懒得去做相关的调查研究。难道我们还不能接受教训吗？

重新发行的一美元硬币明显有所改进，但无论是从大小或重量上来看，还是和25美分很相像。这也许就是为什么当时人们的口袋里找不到一美元硬币的原因吧。

◉ 都是名字惹的祸

还记得关于"Chevy Nova"（雪佛兰的一款车，"Chevy Nova"即"神枪手"）的笑话吗？这是通用公司在波多黎各和拉美地区怎么也卖不动的一款车。因为，在西班牙语中，"Chevy Nova"是"走不动"的意思。无奈之下，雪佛兰公司只得在1960年左右召回了这款车。这个故事在汽车行业内广为流传。然而，这次风波并没有让福特公司接受教训，他们不经任何推敲，就把车名直译成了外文，结果同样闹了三次笑话：维罗纳(Fiera)，在西班牙文中的意思是"丑陋的女人"；卡连特(Caliente)，在西班牙俚语中指"拉客妓女"；平托（Pinto），在葡萄牙语中指"短小的男性器官"。而福特公司就用这三个可笑的单词，来命名在国外推出的三款新车。

令人感慨的是，有些人从来都不知道何为教训！在准备打入外国市场时，有些企业宁可花费上千万美元在市场营销和物流运输上，也不会有人想到，要把目标市场的语言翻译成英文，再仔细琢磨琢磨。

◉ 穆斯林与猪肉

类似的失误一次又一次地发生。一家美国公司向沙特阿拉伯的一位潜在客户递交了一封详细的商业计划书，可那精美的外部包装竟是用猪皮做的。穆斯林对猪肉以及猪制品极其反感，这家美国公司竟忽略了这样的常识。可想而知，这场交易一定无法谈成。

还有一则传闻，是关于英属东印度公司为何会在1857年失去了对印度的统治权，从而让英国政府直接统治了印度。其原因之一，就是子弹润滑油。当时，东印度公司用猪油涂在来复枪的子弹纸皮包装上，而在当时的技术条件下，在装弹之前，士兵又必须用牙齿来咬破来复枪子弹的纸皮。可是，在东印度公司所雇佣的印度士兵中，又有一部分是信奉伊斯兰教的，他们拒不使用这些子弹。当然，后来子弹经过了一定的改进，但是，对于挽救东印度公司的命运来说，一切都为时已晚。

◉ 火煎寿司

就在最近，为了取悦日本顾客，一家大型的美国连锁超市开始供应茶和寿司。但可笑的是，茶是中国茶，而寿司竟然是煎过的！

为什么人们在投资高成本的项目时，总是会对基本调查的重要性置若罔闻呢？这算是聪明人的傲慢吗？未免太过愚蠢了吧！或者说，这是无能的表现？在进入一间黑屋子之前，为什么不先打开身后的电灯开关呢？当然，的确有一些人会先把电灯打开，但是，另一些人却选择把自己困在黑暗之中。

成功人士总是会做他们该做的功课。情报的重要性决不能低估。这是对生意人的忠告。

◉ 做好尽职调查

当讲到调查的重要性时，我打了这样的比方：一个人进入一间陌生的漆黑房间，却不去打开身后的电灯开关。这实在不是明智之举——除非他想被家具撞得鼻青脸肿！对于商人来说，尽职调查好比是那电灯开关，它能让你看清脚下的道路。正如我之前所说的，打开开关并不能帮你去除路上的障碍，但却可以让你对"拦路虎"一目了然。如此一来，你便可以绕道而行。

在没有对未来的合作伙伴完成尽职调查之前，公司绝不该轻易地签订任何交易合同。以下的故事就是一个鲜活的例子。我更改了一些人名和数据，以便保护他们的隐私。但故事本身是完全真实的。

在罗斯化妆品公司成立的最初十年间，这家公司一直都稳步成长。到1991年为止，公司一直都由一位名叫罗森的人全权经营。罗森先生聪明又有活力，他是公司的创办人和首席执行官，也是公司的所有者。这家公司的低端香水和化妆品的总销售额高达5000万美元。罗森先生觉得，跨向国际市场的时候到了。

罗森先生决定，要与一家英国的供货厂商合作。这家英国公司是家族企业，且家族成员都信奉印度教，他们已在欧洲和近东地区开展化妆品业务多年，之前也与罗斯公司有过贸易往来。他们和罗斯化妆品公司一拍即合，很快就签订了合作协议。其中有这么一项条款：这个印度家族将占有罗斯公司65%的股份。可是，在公司上市的过程中，他们却一时疏忽，没有把这一条向上报告给证券交易委员会。

由于罗森先生在业内的口碑甚佳，所以，在公司的股票上市后，罗斯化妆品公司的股票开始猛涨。再加上公司辉煌的市场业绩，又给其股票注入了一针强心剂。1993年初，罗斯公司的股票竟涨到了每股28美元。

或许是被成功冲昏了头脑，罗森先生竟心甘情愿地禅让了总裁的位子，并放手让这家远在伦敦的印度家族公司来管理自己一手创办的公司。此时，他已陶醉于公司在股市上所取得的巨大成功——直到噩梦来临的那一天。

某日，《福布斯》杂志突然爆料，罗斯化妆品公司实际上是由一个印度家族在控股，而且，这个家族还涉及黑市买卖和洗钱等非法活动。随着这一爆炸性新闻的抛出，该公司的股价一落千丈。在接下来的数周时间里，股价从每股28美元跌到每股4美元，罗森先生在股市上的损失超过了2000万美元。更加糟糕的是，紧跟着，国家证券交易委员会介入了调查，并起诉罗森先生和其公司的历任高管。

事到如今，罗森先生钱财落空又面临着牢狱之灾，他这才想起要查查他的合伙人。他想证明给法官看，他的印度控股方与非法活动毫无关联，他的企业也不存在任何管理不当的问题。

然而，尽职调查的结果却让罗森先生大跌眼镜。这个印度家族确实参与了黑市买卖和地下洗钱活动，且情节严重。而且，这个公司的印度籍CEO曾两次因造假名牌香水而被告上了英国法庭。事实的真相是，这个印度家族和其在伦敦的公司，不但在业内臭名远扬，并且还带有犯罪记录。

这份尽职调查报告让法官相信，所有的罪刑都该由罗森先生的合作方来承担。这使他躲过了这次牢狱之灾。最终，法院判处他交了一笔巨额罚款。损失了两千万美元的股票，又赔上自己辛苦创立的公司，这些都给了他致命的打击，罗森先生从此一蹶不振。而这个印度家族所面临的，则是严酷的法律制裁。

假使罗森先生提前摸清了这个劣迹斑斑的印度家族的底细，那他还会和他们合作吗？当然不会。他痛恨自己事先没有调查合作方。可是，这个世界上没有后悔药可以吃。如果你没有打开身后的电灯开关，那么这样的事情也会发生在你的身上。

◉ 争取竞争优势

现在我相信，在开始冒险之前（尤其是面对一场风险系数极高的挑战时），再也没有人会忽略掌握正确情报的重要性了吧。让我们在这个话题上展开，一起来讨论该如何搜集和评估情报。

还记得电视剧《法网》中的场景吗？弗莱德警长总是会先敲敲门，接着亮出自己的警察证，再开始审问对方。他总是会说："只要告诉我事情的真相就可以了，我只要真相。"（《法网》是美国60年代著名的警匪片——译者注。）

警察就是这样开始调查的。他们在审问式调查时，总是想利用警察证的威慑力，让人乖乖地说出实情，但收效甚微。这和受过训练的情报人员的调查方式大相径庭。

情报人员不会采取这种恐吓的方式，他们总是工于心计。在调查过程中，情报人员会更注重使用套话和归询的谍报技术，而不是审问式的询问。在搜情过程中，我们更强调利用"外衣"的遮掩来获取准确的信息，而不是像警察那般强势的审问。面对警察的威严，被询问的人员不太可能说出事实真相，审问人员并不能从他们口中得出感兴趣的答案。扮作医生的情报人员，会更容易刺探出医药类的保密信息，但是，如果你需要知道的是别人家管道的布局情况，那么相比之下，扮作管道工显然会更加有效。

利用职业来做掩护，有两个显而易见的优势：（1）使受询者更放松，因此，他们也就更愿意提供准确而又毫无偏见的信息。如果是在陌生人或是威逼的调查员面前，他们是不会吐露这类信息的。（2）被询问的对象永远也不可能知道被询问的真正原因。

也就是说，精心选取合适的职业做外衣，会得到更加精确和丰富的信息报告，同时，也可以打消别人对调查目的的怀疑。

◉ 分析方法

要合理地解决问题，总是需要行之有效的分析方法。而大部分时候，调查和情报搜集的目的，也正是为了解决某个问题。换句话说，只要能得到正确的信息，很多问题都能迎刃而解。如果你生病了，医生就会通过各项检查来确定你的状况，从检查报告中，他能发现你身体中的"问题"，然后对症下药。

在情报行业中，有一大窍门就是，首先应对问题作出评估，然后再列出那些潜在的信息源。比如，谁有可能知道问题的答案？什么样的数据库或文件会包含所需信息？下一步，就是要瞄准那些潜在的情报知情者，并编出合适的理由与他们接近。当然，也可以利用与目标人物之间有可靠关系的第三方，来向他们询问和打听，并向你准确无误地汇报信息。

专业的情报人员，会利用很多巧妙的技术来获取信息，这类都属于秘密谍报技术的范畴。情报的搜集对于任何一项调查来说都至关重要，正如我之前所说的，这是一门神秘的、不可思议的艺术，大多数情况下，只有专业人士才能胜任。

◉ 专属情报部门 vs. 职业情报机构

当公司的高层意识到拥有优质商业情报的重要性时，他们就会探讨决定，该采用何种方式来得到所需情报。主要途径有以下两种：（1）利用专业的商业调查公司，如CTC国际集团，IGI专业鉴定所，科罗尔公司（Kroll & Associate），百硕普服务公司(Bishops Servies)以及DSFX公司等，他们都有很强的实力。（2）在公司内部成立专门的情报部门。

到底该选择何种方式，取决于以下这些因素，如：公司的规模、预算开支、所期望的调查力度以及搜情的难度系数。

对于资金有限的中小型企业来说，想要投资组建一个内部专属的情报部门，只会画虎不成，反贻笑柄。就算是世界前1000强的公司，也不一定有足够的实力来保障情报部门的有效运转（当然，这也要视不同行业而定）。为了达到调查的目的，这类企业应该而且必须向专业的商业情报机构寻求帮助。

甚至，对于那些拥有专属保密机构和专属情报机构的大型跨国公司来说，在面对一些难度较高的情报任务时，或是面对复杂的诉讼调查案件时，他们也不得不找情报专家来帮忙应付这些棘手的问题。尽管如此，一些实力雄厚的企业还是希望能拥有自己专属的情报机构，以完成绝大多数的情报调查工作。对那些竞争激烈、更替迅速的技术行业来说，想要成立一个属于自己的情报部门，也是完全可以理解的。因为，他们需要时刻关注竞争者的动态，以确保与时俱进。

◉ 商业情报部门

在成立企业的内部情报机构时，需要注意的就是，它至少要分为两个部门：搜集部门和分析部门。

搜集部门，需要精通情报搜集技术的情报专员，以及一名既擅长网络搜索又会利用数据库的专家，他们会联手完成秘密搜情任务。分析部门，需要有一名或多名受过训练的情报分析专家。在情报圈内，我们常称之为报告干事。

不幸的是，我们始终都找不出一位同时具备以上三种技能的情报人员。懂得随机应变又爱凑热闹的情报专员，似乎与深沉谨慎的分析专家形成了鲜明的对比；而电脑专家又与这两种人井水不犯河水。尽管他们的工作内容毫无交集，性格气质也大相径庭，但是，其共同点就是，他们都各自身怀绝技。

在之后有关情报人员的招募、分析和数据库调查的章节中，我会对这三类人才展开详细的论述。我们需要记住的是，这三类人才是用不同的脑区在思考。这就是为什么想找一个全才专家如此之难。

◉ 所需要的工具

情报专员和分析专家所需要的，只不过是常用的办公工具，如电话、传真和网络。当然，为了搜集和整合信息，并撰写出一份递交给决策者的情报报告，在某些关键的时候，其他的办公设备也能起到一定的辅助作用。但是，说到电脑专家的工具，那就完全不是这么回事儿了。

数据库是电脑专家的主要工具。一些资料丰富的数据库仅限于私家侦探、律师、执法人员及其他有执照的专业人士使用。这些数据库不但需要注册会员，而且都是按分钟收费的。这类主题会在第六章"电脑数据库与网络"中详细讨论。若是想要访问几家最顶尖的数据库（如莱西数据库、对谈数据库、奥托切克数据库、道琼斯数据库、领步者数据库等），不但会费不菲，而且获取有效信息的效率也不高。

如果公司内部已经建立了属于自己的情报团队，那么，在恰当的时机，还需要聘请一位合格的情报顾问，由他来训练这支新的团队。此外，还要选择合适的电脑软件和数据库，并注意办公室的布局，以确保情报团队在一个具有专业氛围的办公环境下工作。

◉ 为什么美国政府不愿帮忙

大家可能会有这样的问题：既然商业情报的搜集是如此艰难和神秘，只有专家才能胜任，那么，为什么拥有众多情报专家的美国政府（像中情局等），不愿意为了美国的工商业发展而做情报搜集工作呢？我们都知道，为了与美国竞争，许多国家的政府早就涉足于商业搜情行动，并与国有企业分享所得的情报。为了与美国工业（尤其是军工业）竞争，很多外国政府的搜情行动早已跨越雷池，变成了由国家所操控的非法经济谍报活动。他们甚至不择手段——在宾馆房间和飞机坐椅下面布置窃听器，非法侵犯隐私以偷取情报，从他人的笔记本电脑和公文包中拷贝重要的机密文件，以及其他许多的非法勾当。"工商业间谍活动"和"商业情报收集"之间的主要区别就在于，前者运用的是非法手段，而后者的行为却都在合法范围内。

从20世纪90年代苏联解体后，关于美国政府究竟要不要帮助美国企业搜集情报的问题就一直存在争议，而且，美国政府和中情局内部一直都争论不断。有人建议，可以将对苏情报活动中的人员调来从事商业情报工作，以帮助美国经济的复兴。但是，美国政府（中情局和国家安全局）参与秘密商业搜情的可能性很小。

这是因为，这类秘密搜情的目的，不可能向大众公开，一些敏感消息源和搜情方法必须保密。如果说，政府决定去涉足商业搜情，并把情报转交给企业，那么，在企业得知了这个情报之后，究竟要不要针对此情报，而展开下一步的行动呢？又该由谁来做出这个决定呢？是政府还是企业？而且，政府也不可能把同一个情报交给所有的企业，那么，他们又该把情报交给哪些企业呢？情报仅限于让CEO知情吗？难道心系公司盈亏的总裁，真的不会把如此重要的情报透露给下属，安排他们采取相关的行动吗？这显然不太可能。

也曾有人强烈建议，政府珍贵的搜情资源，不应仅被国防部门独享，也该为非官方的私立部门服务。也就是说，应该让中情局的情报人员去为IBM和AT&T做间谍，而不再是仅对白宫和五角大楼效忠。这就给中情局的情报人员出了个道德难题。这些情报人员会为了纯粹的经济利益，甘心为私人企业而拿自己和同事的生命去冒险吗？我看未必。

当然，这并不代表中情局和执法部门会放弃阻止在本国境内的非法商业间谍活动。如果他们通过内线得知，某些不公平的商业竞争行为（如贿赂等）损害到了美国企业在某些国家的利益时，他们还是会挺身相助，将此情报通告给企业知晓的。确实，美国国家安全局会密切注视着，时刻监督是否有类似的行为正在发生。一旦他们掌握了不公平竞争的证据，他们就会把这些情报告诉企业，让他们采取应对措施。总而言之，他们会站在受害者这一边，但决不会做企业的帮凶。

这也就是说，美国政府不会为了帮助美国企业的发展，而去实施商业谍报计划，或是为这个计划拨款。如果美国企业想要赢得并保持自身的竞争优势，那么，它就只能靠自身的资源去努力获取情报。这样才能保障市场竞争的公平性，也能确保其在竞争中的有利地位。

然而，可悲的是，从1990年开始，窃听者和江湖骗子就已经充斥到了生活中的各个领域。在美国之外，间谍活动更为猖狂。在一些法制不健全、规章制度和安全措施不到位的国家中，那些企业的执行官们知道，那些势单力薄（得不到政府情报部门撑腰）的美国竞争者在与外国企业打交道时，只能依靠自身有限的情报和运气。其结果就是：一旦他们得知竞争对手来自于美国或其他国家时，他们就更有可能使诈。这会给那些商业情报场上的"菜鸟"带来很大的风险。而降低风险的重任则落在美国企业自身情报部门的肩上。

第 二 部 分

情报搜集过程

　　在符合招募要求，又拥有"合法游人"身份的特工中，有一人是驻西贡的中东地区外交人员，我要求他提供一些关于他的国家与北越之间的关系的资料。当时他在使馆充当外交信使。由于他过去向中情局所提供的情报都非常可靠，再加上又通过了测谎仪的测试，所以，在当时的这个行动小组中，他显然是最符合要求的情报人员。

间谍的招募

我们已经知道了什么是商业情报，以及我们为什么需要它，那么现在，到了问题的核心：我们该如何搜集和评估情报呢？

其实，我们可以从多种途径来搜集信息。其中，最常用的就是通过人力搜情、调查研究和科技搜情。这三种手段都非常重要，但它们之间并没有交集。如果只能选择其中之一，我会毫不犹豫地选择人力搜情。

为什么呢？因为，早在孙武之前，那些精明的战略家就已经知道，一个安插在合适位置的间谍，其价值是无法估量的。人力搜情可以用来搜集特别的情报，以此来满足某些特殊的情报要求。也许，除了调查研究这个方法之外，其他的情报搜集途径仅能提供以往的记录和信息，再将所获取的数据整合与消化。信号和电子搜寻设备只能搜集到有效范围内的情况；而航拍的目标，则是某片广大的区域。要想得到完整的信息情报，光搜集还不够，还要涉及分类、研判和情报分析，这些都需要大量的资金投入。另一方面，潜伏谍员在回答情报官员的问题时，很容易带上浓厚的个人感情色彩。

◉ 间谍对情报问题的解答

为了执行中情局的任务，我头一次被派到了西贡。当时，我的身份是一名"合法游人"。但凡是有资格成为"合法游人"的特工，其身份必须是外交官、商人等有能力在北越边境来去自如的一类人。一旦被选中作为特工而出外执行任务，在出发之前，中情局会让他们知道此次"旅行"的目的，以及对情报的要求。这样，才能利用在北越境内的短暂逗留，迅速地找到目标信息。一旦他们进入安全地带，就必须向相应的情报官员汇报任务执行的情况。他们所网罗到的信息会作为情报调查报告，被传回中情局总部。

在符合招募要求，又拥有"合法游人"身份的特工中，有一人是驻西贡的中东地区外交人员，我要求他提供一些关于他的国家与北越之间的关系的资料。当时他在使馆充当外交信使。由于他过去向中情局所提供的情报都非常可靠，再加上又通过了测谎仪的测试，所以，在当时的这个行动小组中，他显然是最符合要求的情报人员。

在这名外交官执行任务期间，恰巧碰上了美国B-52远程战略轰炸机对河内市进行了空袭。这次轰炸的目标之一，就是河内市的中心电力发电站。空袭过后，白宫方面想知道，发电站到底有没有被击中。可不巧的是，当时，整个河内市的上空都被浓雾所遮盖，卫星和高空航拍根本无法提供准确的信息。可白宫又急于想要知道结果。

情报要求很简单：当晚，河内市中心的灯光有没有亮起？

空袭事件的一天之后，这名特工返回到西贡。当他从飞机上走下来时，我向他使了一记眼色，暗示他跟随我到新山一国际机场（当年，这是越南民主共和国国内最大的机场，在越南战争期间，曾被美国扩建为空军基地——译者注）的航站楼。找了一个不易被人察觉的隐秘角落，我急切地问道："昨晚，河内市市内的灯是不是一直亮着？"他说："灯光忽明忽暗，但没有完全熄灭。"回答完我的问题之后，他开始了对昨晚空袭事件的恐怖回忆，他甚至能听到B-52大型轰炸机所发出的震耳欲聋的声音，就连他所住的市区旅馆房间的窗户都被炸得粉碎，他觉得自己与死亡擦肩而过。谈话结束时，他不解地问了我这样一个问题："你们这帮家伙，昨天晚上到底要做什么？是想要谋杀我吗？"

最终，我所提交的情报报告非常的简洁明了："据一位在空袭当晚身处河内市内的可靠线人的信息，河内市中心的电力通宵未断。"在获悉情报要求的几小时之内，我们就为白宫提供了一份他们急于知晓的答案：B-52并未击中目标。几天之后，当浮在河内市上方的浓雾散开之后，白宫才通过卫星拍摄的图片进一步确认了这一消息。

◉ 情报报告

可靠并值得信赖的特工(vetted agent)所递交的情报报告，其"含金量"和信息准确度都很高。这就是为什么我们称之为情报报告，而不是信息报告。情报绝不等同于信息。它是有价值的信息。在上述的案件中，信息源会被评估和衡量，再向上汇报。每一位情报特工所汇报的信息都会经过这样处理吗？当然不是。该如何处置特工所提供的信息，这要由特工对此类信息的知情度，该特工以往信息反馈记录的可靠性，还有特工本人对各种测试（测谎仪等）的通过情况，这三大因素所决定的。

情报人员有可能每次都碰巧在事发现场吗？就像经历河内空袭事件的那名特工一样，能够不费吹灰之力地得到所需情报，只因这是他亲眼所见，亲耳所闻。当然，还有一些情报人员是通过第三方知情者间接得到此消息的。读到这里，我们不禁想要问这样的问题：该特工获取该情报的渠道是什么？他以往的情报报告是否可靠？他值得我们信赖吗？他会不会故意夸大实情？他是一个细心的观察者吗？他的记忆力怎么样？

情报成品必须要经过一系列的加工过程（包括了原始信息的搜集与分析），最终才能作为"成品"，呈现给情报需求方。我们把这个过程称为"情报生产过程"。这一过程包括了搜集情报、分析情报、情报报告以及传送信息。在后面有关情报分析的一章中，我们将具体讨论这个过程。

◉ 情报官员

在讨论特工招募之前，我应该先对负责非公开搜情的情报官员稍作解释。情报官员是中情局的秘密武器，他/她受过大学教育，精通一门或多门外语，基本都通过了最高级别的安全检查，是被完全信任的公民。他/她必须拥有敏锐的头脑，为人正直可靠又有进取心。情报官员负责处理实际的案例，也就是说，他们负责招募间谍并对间谍（也就是我们常说的特工）下达命令。这里所说的情报官员并不是特工。联邦调查局的侦探也会被人们称作为特工。

只有绝少部分人能有机会接触到中情局，所以，人们其实并不了解情报官员。事实上，电影《007》在很大程度上歪曲了事实，也误导了人们对这类特殊群体的认识。情报官员是中情局的一支精英部队，当决策者需要获得某些情报，以帮助他们做出决策时（比如，事关外国政府对美国利益的影响，这时，决策者就需要明确外国政府的真实意图），这就需要用到这群精兵，让他们打入别国的政府内部来刺探情报。

◉ 掩护的作用

除了有关招募和管理特工的培训，情报官员还必须接受以下训练：如何利用掩护，开展情报活动；如何通过套话、任务提示和其他手段直接从信息源获取有价值的信息。为了获取所需情报，训练有素的情报官员可以摇身一变，成为任何一种人。他就像一只变色龙，会随着环境的变化而变化。

中情局的情报官员通常隐蔽于两类特殊的"保护色"下工作：掩护身份和行动掩护。掩护身份指的是，使情报人员在特定的国家拥有合法的身份，以便其展开情报工作。情报官员不能对外暴露自己的间谍身份，因此，中情局会给他们提供一个掩护身份。这个掩护身份一般都是正式的官方身份，比如外交人员或国防部的官员。通常而言，情报官员会以美国军方的身份，或者作为负责海外军用设备装置的官员出现在一些国家。

情报官员也有可能会以商人或留学生之类的非官方身份被委任出国执行任务。这样的情报人员我们称之为NOC（nonofficial covered case officers），即非官方掩护情报员。与享有官方掩护身份的情报人员一样，给他们身份掩护的主要原因就是，让他们有合法的身份在异国工作或学习。

无论是哪种掩护，情报人员都需要有进一步的掩护身份来实施行动。这时，他们就需要再披上一层"保护外衣"，那就是：行动掩护。在行动掩护中，他们都有各自的化名。这时，他们的身份又完全不同于先前的掩护身份，他们此时会成为拥有别国护照的异国公民，为了行动的需要，他们变身为商人、记者、学者、外交家等等。一般来说，只要不去仔细调查，这些掩护身份不会轻易穿帮，如果你照着名片上的地址和电话去查询，也都查得到确有其人。

在中情局的职业生涯中，我常常会用哈里·麦克瑞雷这一名字，将自己扮作一位平易近人、爱结交朋友的爱尔兰富商；有时又是弗兰西斯·杜·波伊斯，同样是一名富有又爱交朋友的法国商人；而弗莱德·瑞兰德，则是一家杂志的特约记者；我还可能会是克莱顿·麦克斯维尔，一名人生地不熟的普通游客。类似于这样的身份还有很多，这让我无孔不入。

我只需走出办公室的大门，在外面徘徊闲逛一阵，以躲开任何可能的摄像头的追踪，之后，再进入一间安全屋，在那里，我可以转换文件，或是化妆更衣。于是，从安全屋里走出来的，将会是哈里·麦克瑞雷，或是弗兰西斯·杜·波伊斯，亦或是克莱顿·麦克斯威尔。

◉ 招募过程

中情局情报官员的主要任务就是招募新特工。因此，在"农场"对即将上岗的情报官员的培训中，最重要的一门课程就是招募系统学。这是一门基础的应用课程，它会教你使用何种程序或技巧来吸引情报源为中情局效力。招募过程分为四个步骤：物色、评估、发展、招募。

简而言之，这门课程教授了情报官员该如何物色招募对象（目标对象必须得有门路得到所需情报）；该如何评估他对招募的接受程度和易感性；该如何利用他的个性弱点和个人欲望来引导和发展其成为间谍；该如何利用手头的个人资源，设计并开展招募过程。金钱、虚荣心和报复心是进入情报业工作的三大动力。许多接受招募的间谍，就是被其中某一项所诱惑。

◉ 招募尤瑞

中情局的招募课程还包括了为期五周的实践训练，受训学员会经受实际的考察。在头一个星期，受训学员们会被派到中情局驻国外的"虚拟"情报站，然后，他会收到一份来自中情局总部的密报：一名来自敌对国家的新上任的外交官即将抵达学员所在国。在密报中，会附有对目标人物的简单介绍（我们暂且叫他尤瑞），如：他先前委派国外的经历、个人信息资料、身体特征描述，以及其他部门先前搜集到的有关他的一切评估资料，这些都会提供给受训学员。在接收到这些资料信息后，学员会与情报站长会面，情报站长会指导他，该如何抓住先机与目标人物取得联系，以及该如何对尤瑞进行考核评估。整个实践训练不乏戏剧性的紧张情节。学员得到消息，这名目标对象将会参加在另一外国大使家所举行的鸡尾酒晚会，共同庆祝该国的国庆节。

在酒会上，受训学员将会积极地争取与尤瑞谈话的机会。他会表现得与尤瑞很有默契，并从尤瑞的口中套出他们的共同的兴趣爱好。藉此话题，受训学员才能再找机会，继续他们之间的联络。他必须要从尤瑞的口中打听出他有哪些爱好？他喜爱哪些餐厅？他会如何安排自己的周末活动？他的婚姻状况如何？他有没有孩子？受训学员必须充分筛选利用这些信息，以找出他跟尤瑞之间的兴趣话题，以便安排他们的下次碰面。而下次碰面的时间，则应该定在实践训练期的第三周。假设尤瑞热爱打网球，或者是个垂钓迷，那么，受训学员就应该邀请尤瑞一同观看一场网球比赛，或是一起去钓鱼。但前提是，这名学员必须会打网球，或者懂得一定的垂钓技术。如果尤瑞喜欢下棋，那么下一步，就应该安排一局棋战。只要这名学员能找到他们之间共同的兴趣话题，那么，在日后，他就还有机会与尤瑞接触。

从第三个星期开始，实践训练就逐渐进入到了紧张环节。如果能在第三周成功约见尤瑞，那么就为他们日后的信任关系打下了重要的基础，而且，受训学员也就有机会打探到更详细的资料，比如：他的经济状况如何（他是否急需用钱？）；他的仕途道路如何（他是否有机会升迁？他是否对上司心存不满？）；他的家庭生活如何（他的婚姻是否幸福？他是否在为无力承担孩子的留学费用而发愁？）等等。再利用他的性格中的弱点，来完成对他的招募行动。也许，尤瑞会透露出他在事业方面所遇到的困境，比如一直无缘晋升为使馆一秘等。也许他还会流露出对于西方国家的好感，并透露，想把孩子送到加州大学洛杉矶分校去学习的意愿。

在第四周，受训学员和会尤瑞展开进一步的交流。这个时候，这些细节信息就都派上用场了。这也就意味着，离招募成功仅有一步之遥了。换句话说，这名受训学员要把握好他们之间的见面机会，尽量挑起尤瑞对屡次错失晋升机会的挫败感。这时，受训学员就要"好心地"帮他"出谋划策"，并承诺，只要时机一到，就会帮助尤瑞获得他应得的地位，而且，还能帮他把孩子送进加州大学。

在最后的一周中，这名学员要构思出一份招募建议书。在建议书中，会将尤瑞所面临的问题一一指出，并为他提供可靠的解决办法。我们会让尤瑞觉得，他的间谍行为完全是合情合理的（毕竟，我们要求他做的事情是有背于他祖国的利益的）。建议书中，还应该含蓄地表达出这种思想："对美国的协助，会加深你对祖国的了解。你正在为世界和平作出贡献。"或者是："贵国的政治体制早已腐败不堪，已有许多像你这样的爱国者正在采取行动，以求改变局势。"

除了要为尤瑞的间谍行为找到合适的借口以外，还要为他提供梦寐以求的身份待遇（在中情局，这种身份被称作"爱国者"）。而且，他还会得到一个秘密银行账户，账上的钱足够让他的儿子在美国的大学继续深造（他可以随意使用这笔钱）。当他为中情局效力到了一定的年限，他和他的家人就能获得美国的居住权。若是想要享受这些特殊待遇，他就必须利用在使馆工作的权力，尽其所能地提供中情局所需的任何信息。

◉ 谍探

出于这样或那样的原因，有的时候，情报官员没有合适的掩护身份来与潜在的招募对象建立直接的联系(比如招募对象是个恐怖分子)。在这种情况下，情报官员就必须暂退一步，通过第三方情报人员的协助，来展开之后的招募活动。孙武把这类情报人员称为"生间"，也就是谍探。

谍探是指那些，在招募对象和情报官员之间搭桥牵线的人。他/她必须有着安全的掩护身份来接触目标人物，而且，绝对不会引起目标人物的警惕。这些谍探必须是执行任务所在国的居民，或者与目标人物有相同的国籍。一旦谍探接受了任务，情报官员就会指挥其完成这项任务，比如：物色目标，并对目标加以评估，再把目标发展为潜在招募对象。比较可行的方法是，让谍探想方设法地成为目标对象的密友，如此一来，就能成功地解除目标人物的疑心，也就有希望将其发展为招募人员了。

◉ 物色目标

一名合格的情报特工候选人，必须拥有极其敏锐的观察力，只有这样，才有可能在工作环境中不断地挖掘出合适的目标。如果是作为渗透谍员的特工，他们可能和目标人物在同一扇门里；如果是作为谍探的特工，那么他们则身处门外，但却可以随意进出或是有办法直接与里面的目标人物建立联系。

第一步就是要分析问题。在这个组织内部，哪个部门可能会有我们所需要的信息？是生产部门、市场营销部门、法律部门还是人事部门呢？之后，再判断究竟什么人最有可能给我们提供信息？是低薪的秘书，还是郁郁寡欢的小办公室主任，或是爱八卦又酗酒成性的副总裁？总之，由你来拿主意。无论你的目标是外国使馆，还是竞争对手的公司，其物色目标的过程都是相同的。

◉ 渗透谍员

一旦认定了所要招募的对象，就需着手对他进行调查，并继续接下来的招募过程：评估、发展和招募吸收。渗透谍员就是执行这一任务的最佳人选。只要他有机会和目标人物相伴左右，他就能提供源源不断的信息。然而，要招募到合适的渗透谍员，本身就是一件不易之事。这需要付出很大的代价（时间和钱财的双重消耗）。绝大多数的公司并不具备像中情局这般得天独厚的条件（比如耐性、预算和意愿等）来展开渗透活动。但是，某些国家政府为了获取美国企业的商业机密，甚至不惜动用国家的情报机构，这已经成为了他们的一贯作风。

◉ 间谍——耗时长久的"高消费品"

在驻东亚执行任务期间，我曾收到过一封来自中情局总部的电报，按照电报上的指令，我必须要协助一名情报站的工作人员完成一项高难度的紧急招募任务。目标是第三世界国家的一位译电员（我们暂且称呼他纳比奥）。尽管他在使馆里的职位卑微，但是他却对所有的密码了如指掌，能看懂每一封经他手的官方信件——无论是加密的还是未加密的。纳比奥是一个激进的革命派，为了把帝国主义者赶出自己的国家，他曾上阵参加战斗，至今身上仍留有战争的痕迹：他的脸部曾被炮弹弹片刮伤，留下了一道深深的伤口，他右臂的二头肌也曾受过枪伤。他既不说英语，也不说使馆所在国的当地语言，并且憎恨所有的美国人和外国人。

情报站决定，通过一个会讲法语的非官方掩护情报员，与目标取得直接的联系。情报站是有所顾虑的。我们担心，这次的招募活动会导致那些潜伏情报人员的身份曝光。情报站不敢贸然拿那些有官方掩护身份的情报员冒险，这是因为，一旦行动出了岔子，就会使得那些情报官员的身份被暴露，并被驱除出境。对于所在国家来说，那些情报官员就成了"不受欢迎的人"。所以，中情局总部和情报站决定，这项任务应该由一个隐蔽在外部机构的非官方掩护情报员来执行。而我，就是那个被选中的人。

在研究了相关资料之后，我登上了飞往目标人物所在国的航班，开始了惯常的"商业之旅"。到机场接我的是情报站的一名官员，他在车上向我说明了这次行动的具体要求。当天晚些时候，我以哈里·麦克瑞雷（那位和蔼可亲的爱尔兰富商）的身份，在宾馆办理了入住手续。然后，在市区的一处秘密据点内，我与另一名情报站内部的官员进行了会面，三人一起谋划了一条妙计。这条妙计能让我们成功地与纳比奥建立联系，却不会牵连到情报站的任何特工。

这名非官方掩护情报员提供给我一些非常有趣的信息，而且，这些信息有很大的利用价值。有了它们，我完全可以顺利地开展第一次行动。首先，由于目标人物的语言障碍（他只会讲几句英语），所以我们判断，他的社交圈子一定很窄，仅局限于他的使馆同事和一些会讲法语的当地人。第二，据我们所得到的情报，目标人物特别爱讨女人欢心，他把时间和金钱全都挥霍在了夜店酒吧里的几个妓女身上，他们是用夹杂着英语的法语交流的。第三，根据我所得到的信息，他最亲密的朋友是一对法国夫妇，但这对法国夫妇目前正准备返回巴黎。最重要的是，他们告诉我说，这对夫妇的房子目前正在招租。这是一个绝佳的机会，使我得以在他们离开之前，还有与他们面对面交流的机会。

掌握了以上的所有信息之后，我找到了一张登有他们租房信息的当地报纸，并给房产中介打了个电话，预约看房。当我赶到他们住处的时候，这对夫妇正好在忙着打包行李。我主动地向他们做了自我介绍（当然，我说自己是哈里·麦克瑞雷），并施展了我的爱尔兰人魅力。我用娴熟的法语与他们交流，没过多久，我们就相处得很融洽了。我装作是一个初来乍到的游客，他们很乐意告诉我当地的特色信息，比如说，最好的法式餐馆在哪里，有什么需要注意的事项，并告诉我该做什么、不该做什么。借着这次机会，我又认识了他们家的保姆和邻居，还有他们心爱的狗，之后，我又约他们见过几次面。我对这对夫妇的情况和周围的环境越来越熟悉。在完成这些前期准备工作后，我便飞回了美国，只等这对夫妇到达巴黎后，我再动身返回。

大约两星期之后，情报站确认，这对法国夫妇已经离开。这时，我才再次前往目标人物所在的国家。在以麦克瑞雷的身份办理完酒店登记手续后，我就开始不停地给目标人物所在的使馆打电话。使馆工作人员要么告诉我他不在办公室，要么以他不方便为由，拒绝我与他通话。整整过了两天，我才顺利联系到他本人。我在电话里面介绍，自己是那对法国夫妻的朋友，并且告诉他，在不久前来这个城市出差的时候，我曾去拜访过他们，之后又碰巧在巴黎遇见了他们。他们建议我，再来此地时可以与他联系。我还补充道，我们二人共同的朋友（那对法国夫妻）认为，我们之间有很多共同点，定能相处得很愉快。为了赢得他的信任，在谈话中，我还时不时地加上几句对法国夫妇的外貌、房子和保姆的评价。一开始，纳比奥非常地谨慎，不过最后，他还是接受了我的邀请，他同意次日晚上，在他最爱的酒吧与我碰面。

第二天晚上，我稍稍提前来到了这家酒吧，等了他近两个小时。在这期间，我只好和酒吧女郎喝酒尽兴，或是与酒吧老板闲聊以打发时间。但是，目标人物却一直没有露面，这让我感到出师不利。我不禁感叹，这就是一个情报官员的命运。

次日早上，我再次往使馆致电，他告诉我，只有在下午稍晚的时候才能得闲。纳比奥并没为上次的爽约而道歉，只是解释说，昨天当他正准备下班时，临时接到了一个紧急任务。于是，我建议改日再约，他提议道，明天中午可以去市里一家大酒店的游泳池附近吃午餐——这也是他常去消遣的地方之一。从他口中得知，接下来的一周他都会加班到很晚。我们互相描述了自己的长相，并约定好在游泳池旁的那家酒吧见面。

见面的那天，我很容易就认出他来了：他高高瘦瘦，具有典型的中亚人特征，他身穿泳衣，显得他身上的那道伤疤尤为明显。我走上前去，再次做了自我介绍。我们选了一张能俯瞰到游泳池的桌子坐了下来，一边享受午餐，一边聊着我们共同的朋友，以及有关这个城市的生活趣事（尤其是夜生活）。渐渐地，我们就无所不谈了。我了解到，在接下来的几天里，他都不方便出来与我见面，我也就"坦白地"说出了接下来的行程安排。我说，第二天我将会离开，大约过个一两周再来。我可以充分利用接下来的这一两个星期的时间，来搞清楚他的工作时刻表。根据他每天的在岗时间，再来计划以后该如何与他打交道。跟他在一起的时候，我出手大方，主动为午餐付账，并给侍应生留下不少小费。这就给了他这样的幻想：他交到了一位富有而又没有任何潜在危险的朋友，他们将会一起逛酒吧、去饭店，一起到夜店寻找乐子。最重要的是，为这一切消遣买单的人，将会是我。这条鱼已经上钩了，接下来就等我拉起鱼竿，钓鱼上岸了。这确实是条大鱼，但也是个有难度的招募对象。

在接下来的四个月里，我频繁地往返于两个国家多达十余次。随着见面次数的增多，他对我愈加依赖和信任。所有的账单都由我来付清，而且，我还从来不忘要从机场的免税店给他带瓶苏格兰威士忌或法国白兰地作为小礼物。我甚至还会为他所光顾的女人们掏钱。

对于这位目标人物，我的评估是这样的：他既像是贪财又好色的沃尔特·米蒂（詹姆斯·瑟伯的著作《沃尔特·米蒂的秘密生活》中的主人公，总是幻想自己变身为英雄——译者注），又与唐璜有几分相似，他玩世不恭，常与妓女勾搭。他虽然不富有，也没有迷人的外表，更谈不上什么魅力，但那些女孩们却心甘情愿地为他"献身"。仅仅靠他那点微薄的薪水，他很难负担这个昂贵的嗜好。因此，他也就越来越离不开他的好朋友麦克瑞雷了。原因很简单——只有这位朋友才能让他过上无忧无虑的花花公子生活。现在，向目标人物索取回报的时候到了。

计划将会一步步进行，不能操之过急。刚开始，我先询问他有关中东投资的建议，渐渐地，我把问题集中在了石油领域。他所在的国家作为石油输出国组织的一员，经常会与其他成员国就石油价格和报价等相关的问题举行秘密会谈。以这样的情报要求作为开端，对我们来说是非常有利的。但坦白说，我并不在乎这些"小儿科"的情报，我只不过是想让他习惯与我交换。一旦建立了这项原则，在与我讨论机密信息时，这种交换方式就会让纳比奥觉得理所当然。随后，我开始提高价码，我们之间的互惠关系也就正式确立。

首先，我要求他搜集有关石油贸易政策的公开信息，等我从外地返回这所城市时，再让他向我汇报。从他的汇报中，我能打探出更多的消息。这些情报报告将会作为这一阶段的成果，递交给中情局总部。最重要的是，由于他提供了"媒体搜索"的服务，每个月，他都会得到一笔慰劳补助金。这笔丰厚的补助金，与他每月从使馆所领到的微薄薪水形成了强烈的对比。

被这份额外的收入所吸引，纳比奥开始给我们提供一些敏感的信息。这条大鱼上钩了。他变得越来越乐意和我们合作，很自然地就透露出了越来越丰富的信息。这时，我开始慢慢地收线了。我们所讨论的话题越来越敏感，他的汇报也变得更详细、更有条理。

久而久之，他就清楚地知道了，美国政府才是他所提供信息的终端用户。如此一来，纳比奥也就被发展成了中情局的情报人员。直到这时，我才让他担任情报站内的秘密搜情工作。

由于中情局有"按需知情"的政策，即，为了完成某个特定的任务，工作人员仅被允许掌握与他所负责的部分相关联的信息，以免整个计划和情报来源都被泄密。在这之后，我就被调离此项工作，对这个计划也就不再知情。不过，之后的迹象表明，纳比奥将会长期为中情局提供源源不断的重要情报。

◉ 一则有关情报的笑话

在华盛顿特区的情报部门中，流传着这么一个故事：

有三个小伙子聚在一家酒吧内喝酒聊天，他们都是情报工作者，平日里分别负责图像搜集、信号搜集和测绘搜集。在谈话期间，他们发现，在对面的角落里，有几位年轻女郎正在火热地讨论着某个话题。这时，这三个小伙子说道："如果能够知道她们正在讨论什么，那该多好啊。既然我们都是做情报工作的，这对于我们来说应该是小菜一碟。"

负责图像搜集的小伙子掏出了一个巨大的望远镜。他说："我能办到。我这有一套最新的图像搜集系统，这上面有一个镜头装置。我能利用它读懂她们的唇语，这样，就能知道她们的谈话内容了。"他把望远镜装好、校准后，就把镜头对准目标。但不巧的是，每当他对准目标时，那些女孩总是转过身去，他无法看到她们的面部动作。他低声抱怨女孩们所坐的位置不利于观察，最后只好放弃说："我办不到。"

负责信号搜集的小伙子说："看我的！我有这样一套电子信号设备，采用的是国防部的最新数码系统。"他拿出设备说，"我把整个频谱都数字化了。我可以用它搜索她们的谈话。"于是，他就开始调频，但只收到坐在酒吧另一头的几个男士谈生意的内容。他不停地调换频率，结果却都不尽如人意，最后，他仅搜索到一个播放摇滚乐的FM电台节目。他也无法弄清楚那几位女士究竟在议论什么，也只好抱怨此处有信号干扰。最后，他无奈地说："我办不到。"

负责测绘搜集的小伙子说："还是让我来吧！我有一套非常了不起的技术设备，我可以用激光扫描目标，再利用超光谱探测头，通过对她们面部汗水的盐分及声音的分析我就可以确定她们的谈话内容。"等他把设备安装并调试好之后，涌来的却是海量的杂乱数据。他无法从中捕捉到任何有用的信息。于是，他也开始抱怨酒吧内的空气质量太差，那些悬浮颗粒和香烟的气味干扰了他的工作。他也只好承认："我也办不到。"

正当他们准备放弃的时候，那些女孩们却走到他们跟前说："我们早就知道你们要干什么。"

这三个小伙子面面相觑，无言以对，女孩们开口说道："我们之所以中断之前的讨论，就是因为我们也很好奇，想看看你们最终能不能判断出我们讨论的是什么。"

于是，那个做图像搜集情报的小伙子不禁问道；"你们说得对，我们确实是很想搞清楚你们的谈话内容。但是，你们是怎么知道我们想做什么的呢？"其中的一名女孩回答道，"我们只不过是给了那位服务员十美元的小费，他就告诉我们了。这就是人力情报。"

4

除间谍招募以外的途径

　　招募情报人员是每个情报机构的生存之道。要想获得有关目标的信息，没有什么途径比在目标内部安插情报人员更为有效的了。这样的间谍可以提供以往的历史信息、常规的更新情报以及目标的未来计划。但问题是，这项任务的组织工作极其困难，还要花费大量的资金，而且也没有速成之道。这就需要庞大的资源和耐心。如果说，所要获取的信息涉及了知识产权的问题（大部分情况都是如此），那么，这样的情报活动就是非法的。这些间谍根本就是在从目标公司偷情报。在许多国家，也有一些国家情报工作人员被指控窃取了相关信息。

　　在之后的章节里，我们将会讨论这些法律问题。不过，最重要的是，我们必须了解，窃取情报的这些技术确确实实存在，而且，难免会被美国的竞争者及外国公司利用。从以下这则案例中就可以看出，一些外国公司总是希望政府能够帮助其躲过对公司不利的法律诉讼（或是与政府同谋）。

● 叛变者

　　如果想要获得有关某家公司或某个国家的情报，那么最受欢迎的途径，当然就是利用那些"叛变"的官员。尽管"叛变者"只能提供以往的历史信息，但是，这却是极其宝贵的情报。那些曾经位高权重的叛变者们，会被中情局长期或短期地雇用。一般而言，中情局会用以下形式作为补偿，如：可观的工资或年薪，移民到美国或其他友好国家，支付他们的生活开支，并给他们

39

豪华的住宅。有时候，中情局也会给他们一个新的身份以及秘密的离岸银行账户，这都是为了隐藏他们新增的财富并躲避政府的惩罚。

其实，那些在私人领域中所进行的间谍活动与国家层面的间谍活动，这两者之间并无太大差异。工程师、设计师、技术人员、系统经理以及高层管理人员，都是业内的抢手人物。他们在离开公司时，满脑子装的都是公司的设计方案、配方、销售部署以及公司的发展计划之类的受知识产权保护的信息。尽管他们也都签订了竞业限制协议，而且，公司也都明令禁止，这类保密信息不得透露给新的雇主。但是，当他们离开原来的公司到新的企业任职时，这类信息根本不可能轻易地从他们的头脑中抹去。虽然所有的公司都意识到了这个问题，但是企业能做的只是眼睁睁地看着员工离去。除此之外，他们别无选择。

尽管美国正面临着商业秘密被别国窃取的危机（而且越来越严重），但是，真正的问题却出在美国内部。在大部分的泄密案件中，罪魁祸首都是公司内部的工作人员，而不是那些窃取机密的外国佬。与从事其他情报活动的间谍一样，这些内部工作人员叛变的首要动机，也都不出以下三大因素：金钱、虚荣心和报复心。而且，当今的美国还存在着另一个严重的问题，那就是产品设计人员与公司高管之间的待遇差别。这也是造成商业泄密的又一大主要原因。老板们享受着丰厚的年薪，手握令人眼红的持股权，这当然会招来工程师们的愤恨不平。这些设计人员会觉得公司亏待了自己。所以，在他们窃取公司机密并转手卖给其他公司时，他们仍觉问心无愧。

除非这些人公然地取走秘密信息并将之带往新的公司（如：带走整箱的文件，或是带走刻有公司计划方案的光盘），否则，就算是有《统一商业秘密法》的庇佑，原公司也无法将他们告上法庭。

在数年前，施乐公司和IBM公司就因这类问题而引起了一场大纷争。不久之前，通用汽车公司还指控大众汽车公司从事商业间谍活动。通用公司称，该公司的一名官员不仅把知识和技术带到了大众公司，而且，还偷取了数箱机密的计划文件。在如今竞争日益激烈的装备制造业里，为了提高自身的市场占有率，许多公司都会不择手段地主动出击，以下是一起典型案例。

◉ 通用 vs. 大众

在上世纪90年代初期，何塞·洛佩兹曾是通用公司的风云人物。他曾对通用公司进行过大刀阔斧的全面改革，从而为通用节省了十多亿美元的生产成本。1993年3月，公司准备把洛佩兹从负责全球采购的副总裁提升为北美区运营总裁，可就在这个当口，曾经春风得意的洛佩兹却突然给总裁留下了一封辞职信，并带走了多名高级助手，一跃成为大众公司的执行官，且年薪竟高达160万美元——这是他在通用公司所挣的五倍之多。就算是在当时的德国，这个数字也远远超过了一个执行官所应得的报酬。他的叛变事件在美国企业界可以说是前所未闻，这引起了通用汽车公司与大众汽车公司之间无数次的法律纠纷。最终，检察院判定，大众公司蓄意挖走洛佩兹，以达到窃取通用公司的商业机密的目的。当然，从整个事件看来，这原本就是大众公司的一个阴谋。

整个"策反"活动历时六个月之久，有人认为，大众公司的总裁费迪南·皮耶亲自参与其中。这个案件是情报界的典型案例——引诱竞争公司的人员叛变，从而将其吸收为己方的商业间谍。

皮耶很有可能从90年代初期开始，就试图从洛佩兹身上刺探情报了。那时的洛佩兹，还是通用公司负责欧洲业务的经理。当时，皮耶想得到欧宝公司（通用的欧洲子公司）的最新产品方案，因为在当时，欧宝公司是大众最有威胁的竞争对手。从皮耶盯上洛佩兹的那一刻起，他就策划出了一整套的方案，以便策反洛佩兹为他所用。他很清楚地知道，一旦"策反"成功，他就能掌握通用公司在短期内的所有计划。这对他来说已经完全足够，他只需让新助手将此计划稍加改动，立刻就能投入实际应用之中。

在皮耶发展洛佩兹为大众效力之前，他曾对洛佩兹进行了谨慎的评估。对于洛佩兹的弱点、易感性、性格、气质类型以及事业雄心等方面，他都做了仔细的分析和评估。掌握了这些评估材料后，在位于美国底特律的大众公司总部，皮耶安排了一次与洛佩兹的私人会面。这次交谈让洛佩兹觉得二人之间很有默契，就连喜恶也十分相似。之后的两个月中，他们也有频繁的电话往来，并碰了几次面。通过一段时间的互相接触，一种友好互信的氛围便随之应运而生。对于双方的专业素养，彼此之间也都充满了敬佩之情，二人之间也结下了深厚的友谊。

当双方都互有好感之后，皮耶就用了大约三个月的时间，尽其所能地来发展洛佩兹。皮耶向洛佩兹提出了邀请他来大众的想法。并以高官厚禄作为交换条件，引诱洛佩兹吐露出通用公司的最高机密。几个月以后，洛佩兹正式递交了辞职书。在这几个月的时间里，皮耶一直在暗中给洛佩兹下达情报任务。指派给洛佩兹的任务分别有：收集并整理通用公司在运营方面的具有情报价值的信息；"策反"洛佩兹身边的六名高级助手。

其中一名助手叫乔治·阿尔瓦瑞兹，只要是有关在欧宝汽车在发展策略方面的机密信息，他都了如指掌。还有一名助手是安德鲁·费斯泰赫，他掌握了欧宝在德国的发展计划的最高机密。洛佩兹还有一个重要任务就是，对通用汽车公司计划新建的公司作出成本分析。在通用公司内部，这一计划的代号叫做"X厂房"计划。

就像是"冷战"中的间谍活动一样，他们偷取资料并把所窃信息带离通用公司内部时所采取的秘密手段，也与谍战小说中所描述的谍报技术如出一辙。以欧宝公司的另一名员工的名义发件，以自己的名字作为收件人，费斯泰赫把一箱重要的机密文件邮寄到了美国。与此同时，洛佩兹也从曼弗雷德·肖雷柏（欧宝负责采购的执行官）手中获取了"X厂房"秘密计划的两份复印件。他保留了其中的一份，将另一份发给了乔斯·古铁雷斯——跟随他离开通用的又一名助手。就在洛佩兹离开美国的当天，在他和家人前往大众德国总部的途中，大众公司的喷气式飞机在巴塞罗那着陆，前来迎接那些装有通用机密的二十箱文件。这些文件是洛佩兹本人及他的助手从美国发到他远在西班牙的妹夫家里的。几天后，足足有五、六箱的文件以船运的形式，从大众公司的美国总部运到了德国总部。

洛佩兹只用了一周的时间，就成功将这六名助手策反，他们答应跟随洛佩兹来到德国。他把这些人称作"勇士"。对通用公司来说，这次的跳槽事件如同晴天霹雳。事后，直到通用公司开始搜查洛佩兹办公室的时候，才发现，原来，最核心的机密文件竟也随洛佩兹一同消失了。之后他们才知道，这几个以月以来，洛佩兹和他的助手向公司各个部门的负责人所索取的文件也都不知所踪，只有极少数的文件被留了下来。而在那几名高级助手的办公室内，也均未发现丢失的资料和文件。

一个月过后，被偷走的文件就全都被拷贝到了大众公司的电脑里面。完成了这个任务后，洛佩兹的两个助手就把这些原始文件和一台碎纸机一同抬出了大众公司的大厦，搬到了大众卡塞尔厂房附近的一家旅馆里。在那里，他们花了整整三天的时间来销毁证据。

可不幸的是，由于洛佩兹和助手们的疏忽，德国警察后来仍然搜到了四箱满装通用公司资料的文件。很不巧，在这些文件中，警察还发现了一封洛佩兹的助手亲笔写的信。信中，他催促另一名助手，务必编出一个合适的理由来解释这次的碎纸行为。这正是通用公司起诉大众公司的第一个铁证。

后来，在压力之下，洛佩兹被迫离开大众，并向大众索要了作为汽车顾问的个人报酬。一年后（1997年），这个案件在庭外和解。大众公司被迫付给通用公司一亿美金作为赔偿。大众公司还被迫同意，在之后的数年内，须购买通用公司总价值为十亿美元的汽车配件。由于这起案件从未进行正式的审理，因此，那些重要的商业情报到底落在谁手，依然是个未知数。即便如此，我想，大家对于这个问题的答案都已经心知肚明。

◉ 要是大众换个方式来操作这次情报任务，结局有何不同？

为了更好地阐释这个问题，让我们换个角度来观察通用—大众之间的这个案例。如果说，换做是名受过中情局训练的专业情报人员来窃取通用的机密信息，那么，他又该如何来处理这个案件呢？假使他们采用了秘密搜情技术，那么，洛佩兹和他的同党还有可能被抓到把柄吗？他们有可能在偷到情报之后及时销毁证据吗？大众公司有可能在避免名利双失的前提下，仍然从洛佩兹所窃得的情报中获利吗？以上的这些假设，完全都有可能实现。让我们从头来回顾一下这起案件。这次，让我们用上一些情报工作的基本原则来进行这项任务，好让读者看到结局的不同。

从一开始，当大众总裁费迪南·皮耶完成对洛佩兹的评估与发展后，他就应当立刻将这项任务转至地下操作，而不是到处宣扬想让洛佩兹加入大众的这个想法。这项任务应该只限于他的亲信知情。一旦洛佩兹承诺，愿意为大众效力，并答应窃取通用的产品计划之时，洛佩兹就应该提前做好安排，在表面上拉远自己与大众公司之间的关系。

换句话说，让洛佩兹带着他的六名助手匆匆地离开通用公司，然后就直接到大众公司担任执行官，并付给他超高的薪水，皮耶的这一决定实在是一大败笔。在洛佩兹离开通用之后，到大众上任之前，这中间应有一个缓冲阶段。这可以让洛佩兹编出一些理由，以说服他在通用的老板让他离开公司一段时间，或是从通用提前退休。等上一年左右，再宣布自己加入大众的决定。

一旦确定了离开的时间和离职的理由，洛佩兹和皮耶二人就应该相互协商，以确定以下问题：报酬、联络方式、所窃得情报的整理和传递。而且，双方所签订的协议也应该是完全保密的。在皮耶秘密聘用洛佩兹之后，他们之间的所有谈话和联络内容也应是绝对保密的。所有涉及洛佩兹加入大众的谈话都应立即停止。他们之后的联络应通过秘密情报传递点（原指情报特工在不见面的情形下秘密交换或者传递情报的地方）、秘写、加密邮件、秘密会议等方式来维持。

这时，大众公司应该通过秘密离岸账户来支付洛佩兹的报酬。当洛佩兹正式对外公布加入大众时，他的年薪也应被定在德国业内的薪资标准范畴之内。至于其他的补偿及奖励，还是应该打款至他的离岸账户。

除了所搜集的信息之外，洛佩兹和他的助手不应该从通用公司的办公室带走任何的文件资料。如果没有人发现有东西丢失，那也就无法证明有东西被盗。这样一来，洛佩兹和他的助手们也就有充足的时间，在拷贝完通用公司的文件之后，再把文件归还给公司的相关部门。如果所需的信息量十分庞大，还可以采用如微型相机这样的辅助工具来加快获取情报的进程，并确保任务的保密性。所有的材料都应缩影为胶卷的形式，为了保险起见，胶卷还应复印保存。胶卷以及所有相关文件的复印件，都应交由可信赖的人员亲自送往德国。洛佩兹和他的"勇士"们的情报汇报工作，应该在一个中立的国家进行，而绝不是在美国或德国。

如果大众公司按照以上的搜情方法来执行这项任务，那么，他们完全有可能成功地利用到这批信息，而且，洛佩兹及他手下的几员爱将也会一直为大众效力，并可以任意享用他们在开曼群岛账户上的丰厚报酬。如此一来，通用公司恐怕抓破头皮也想不通，大众公司究竟使用了什么手段，竟然一下子挖走了他们那么多人才？如果大众公司能用上一点秘密搜情技术，那他们也就能够避免那十亿美元的损失了。

总而言之，我们可以从皮耶身上看到，一项有勇无谋的情报任务会带来多么惨重的损失。显然，对大众及皮耶本人而言，这个结局无疑是个灾难。

◉ 人员争夺战

大众与通用之间的这场纠纷，无疑是商业情报战中最恶名昭著的案例之一。不仅局限于高科技产业之中，就算是在其他行业内，员工跳槽的现象也是家常便饭。像工程师、计算机技术员、程序员之类的专业人士，当他们从一家公司跳槽到另一家公司时，他们在以往的工作中所积累的经验和信息，也会随着他们的流动而被带到新的公司。总之，从中获利的总是新雇主，遭受损失的总是旧雇主。这也是企业界不争的事实。

最近这些年，法院受理了多起相关案件：联合化学公司盗用了陶氏化学公司的聚合物生产配方，并将其倒手出售，从而获得了四百万美元的利润，陶氏化学公司因此将对方告上了法庭；卡拉威高尔夫公司指控阿迪达斯高尔夫有限公司，说对方盗用了他们关于高尔夫球的设计、制造、销售及市场策划等商业机密；麦格纳集团与艾欧史密斯公司之间，因液压成型生产技术而产生了法律纠纷；因为存储专利技术的争夺，DEC公司与Emulex公司之间打起了官司；由于心脏监护仪设计方案的泄密，施贵宝公司与诊断医疗器械公司在法庭上争得面红耳赤；因市场营销策略及运营程序的泄密，阿维斯国际租车公司与赫兹汽车租赁公司对簿公堂；因为电子医药成像技术的泄密，从而引发了通用电气医药生产部门与拜耳公司之间的官司战；因为食品配方的问题，美国泰森食品公司与康尼格拉食品公司之间闹得不可开交；IBM公司控告离职员工盗用公司的核心机密。这类法律案件数不胜数，以上列出的仅是冰山一角。大多数的案件并不是通过法律途径来解决的。

当公司雇用了情报人员去获取商业情报（即竞争公司内部很难搞到手的机密信息，如：文件、手写记录、磁带和光盘等）时，这就是在打法律的擦边球。法官无法区分员工的工作常识与公司的专有信息之间的界限。"员工头脑中的想法和知识归雇主所有"——对于这样的想法，也许大多数法官都不会认同。所以，如果没有过硬的证据，他们是不会轻易判侵权方有罪的。在处理信息盗窃案时，他们习惯性地用处理盗车案的思维和方式来审问此类案件：如果被盗的东西是一个能看得见摸得着的实体，那么法官就会依法处置；如果被盗的东西既看不见也摸不着，那么法官则会选择视而不见。

雇主必须要弄清楚保密协议和竞业限制协议之间的区别。前者旨在防止雇员泄露公司的机密信息，雇主可以在协议中附加声明，明确表示哪些信息是有价值的，且不能透露给第三方知晓。后者则规定了雇员在聘期结束后的一段时间内，不能从事与原公司相竞争的相关活动。除非保密协议的内容涵括在了竞业限制协议之中，否则，如果案件本身没有对行业贸易起到消极作用，也并不违反国家的公共政策，那么，法官是不会倾向雇主一方的。

无论如何，雇主在开始和结束雇用员工时，都应与他签订保密协议和竞业限制协议，以此来保护企业的利益。

● 转移行动与双面间谍

如果某组织的目标人物深不可测，直接招募或者引诱其叛变都不奏效，那么接下来，最好的方法就是安置一个悬荡物①，等他上钩。中情局、联邦调查局和药品管理局，这些机构通常都是运用这种手段来获取反间谍情报和敌方情报的。比如，一名表面对政府心怀怨恨的美国军官，进入了一名俄罗斯情报人员的视野，俄罗斯的情报机构则很容易会将他招募进来充当俄方的间谍；一家地下银行的小喽啰在被政府情报机构招募后，再被派去潜入大型洗钱机构做线人；一名便衣警察以其他身份为掩护，渗入到贩毒集团内部。美国的情报机构和警察局过去常常利用间谍渗透外国政府、打入军队内部，或是潜伏在黑帮老大的身边。这类题材的小说数不胜数，同类的好莱坞影视作品也层出不穷。

其中，最重要的一点就是，要找出一个对目标对象有吸引力的人作为内线，再制造出机会，让目标对象接受这名内线，并允许其加入他们的组织。这类任务大都需要经过缜密的安排，而且具有一定的危险性。

我曾被中情局派往西贡，负责与将要打入敌人内部的间谍联络。当时，在越南战争中，曾进行过一次特工转移行动，这是一场悲剧。

---

① 悬荡物，指希望受雇以对付自己的国家而接近某情报机构的人。

◉ 图瓦拉

由于那次事件中的特工代号至今仍未被中情局解密，所以，以下就暂称他为图瓦拉〔TUVALOR，在中情局内部，每个情报人员都有自己的代号。在他们执行任务时，都是以各自的代号相称。这个代号是个合成词，前两位字母代表他们执行任务所在国，比如这里的TU代表越南（Vietnam），而其余的字母所组成的单词VALOR（英勇）则是从字典中随机抽取的。在CIA情报系统中，特工的代号都是以大写字母的形式出现〕。

图瓦拉是南越部队中的一名年轻少将。与当时其他信奉天主教的家庭一样，当共产党在越南北部取得政权后，他们一家就都逃到了南越。这名少将是名欧亚混血儿，拥有一半的越南血统和一半的法国血统。身为一名越法混血，能够获得南越部队所授予的少将军衔是相当不易的。他身材高大，外表帅气，是公认的战争英雄。由于他勇气可嘉，在战场中受伤不止八次，所以，他曾三次受到过部队的表彰。他的家族和他的军队都以他为荣。

第一次见到图瓦拉是在西贡第三野战医院。在不久前，负责与图瓦拉联络的前任中情局官员，曾临时将他分配到了中情局的省级侦察单位（中情局在越南战争期间部署的准军事部队——译者注），他所在的侦察小组当时在越柬边境活动，之后又被安排偷越越柬边境线。不过很不巧，在这次转移行动中，他们与越共的一支小分队狭路相逢，在交火时，图瓦拉被一个手雷弹炸倒，左腿和臀部被炸弹的碎片所伤。所以现在，他只能躺在医院接受治疗。

这次转移行动的目的，就是为了让他能够顺利地进入柬埔寨国土，再伪装混进金边市，假意投靠北越政府，从而潜伏进敌人的内部。然而，一旦展开了正面交战，此次任务就不得不以失败告终。我们的战争英雄图瓦拉，只能躺在担架上，被人抬回西贡的野战医院。

我们寄希望于北越政府能够相信图瓦拉的投靠诚意，并允许他返回自己的故乡——海防市（在北越境内），在那里，他会作为一名和平主义者度过余生。毕竟，对于北越政府来说，有这么一位拥有高军衔的战争英雄来投诚，这无疑是极其有利的正面宣传。等到图瓦拉在北越安顿下来，公众也对他的"叛变"事件开始逐渐淡忘，在时机成熟之后，图瓦拉的另一重大任务就是，组建一个秘密情报搜集网络。我们之间的联络信息，也将通过秘写的方式寄到香港的秘密情报安置点。不过，此时，我们只能先耐心地等待他的伤口痊愈，再继续之前未完的任务。

在他身体恢复的这四个月时间里，在西贡偏远郊区的一处安全屋内①，我与他频频碰面。利用这段时间，他也正好可以熟悉一下秘密联络方式，以便在进入敌方境地后，可以顺利地与中情局驻西贡情报站取得联系。

在这四个月恢复期结束时，他已能娴熟地接收和解码通过密码广播（OWVL——one way voice link）发给他的信息，并掌握了该如何以秘写这样的方式把信息传给身在西贡的我。他也接受了关于如何使用和解读微点拷贝的培训。

密码广播是指，在全东南亚的短波广播中，提前选定一个特定频率的电台，在特定的时间里，会有人在广播中读出多组数字串，每组数字串由5个数字组成。图瓦拉需要坐到收音机前收听广播，并细心留意对他的呼叫信息。在广播中，首先会听到由五位数字组成的他的广播代号。接下来，就是一长串数字形式的加密信息。图瓦拉要记录下这些数字，再利用"假减法"②和一本微型密码书，来解码和阅读信息。

对图瓦拉来说，把信息发回西贡的情报站根本不费吹灰之力。他只需写一封信，再在信的背面，把秘密信息用隐形墨水写在特殊的碳纸上，然后寄往他在香港的一位"亲戚"的住所，如此一来，信息便发送完成了（所谓的"亲戚"实际上就是我们在香港的线人，为了配合我们之间的联络任务，他专门在香港为我们租了一套住所，作为掩护通讯地址）。这封信到达香港后，就会由我们在香港的线人签收，并把它带到香港地区的技术支持中心。在那里，只需在这张纸上滴上特殊的化学试剂，这条秘写信息就会清楚地显现出来。再由技术中心的工作人员把这条信息以电报的形式发送到西贡的情报站，反馈给我和我的领导们知晓。

直到图瓦拉身体痊愈，并完成了我们对他的再次训练后，他才离开我们

---

① 即秘密据点之意，主要供间谍们接头会面或进行行动策划和指挥之用。各国间谍都在国外购置了大量此类的安全屋，大多是些民房，平时可能没人居住。当然，有时情报人员也可能利用旅馆里的一个房间，作临时会面的秘密据点。

② 假减法为用于解码加密信息的一种方法。

在西贡的安全屋。我们的计划就要开始进入实施阶段了。这四个月时间对他来说，等于过着囚禁一般的生活。图瓦拉凭着坚强的毅力撑过了这段时间，而正在前方等待着他的，则是更加严峻的考验。之后，按照我们的指示，图瓦拉从大众的视线中消失了。南越军队不得不公开把他列入逃兵名单。就算是他的家人和最亲密的朋友，中情局也不能向他们透露事情的真相。图瓦拉不仅让以往的亲朋好友蒙羞，更成了他为之奋战多年的国家的耻辱。由于他们不可能知道"叛逃"背后的真相，所以家人是不能饶恕他的这个举动的。

如今，他的家人、朋友以及部队的同事都视他为叛变者，这对他的心理造成了很大的压力，致使他在很长一段时间里都精神颓废。但是，靠着他的勇气和献身精神，他战胜了压力。他也认识到，如果顺利的话，北越就会因着他的"弃暗投明"而正式接受他，那么，他的行为也就意味着公开叛国。到时，因着自己的"叛国"行为，他将会面临众叛亲离的后果。他不仅把所有的信任和期待都寄托在了中情局和他的间谍管理员身上，而且，他连自己的生命也一并交付了出去。然而，中情局又是怎样来回报他的信任的呢？由于中情局总部粗心愚蠢的决策，图瓦拉最终付出了生命和声誉的双重代价。

吸取了上次越境失败的教训，这次，中情局找了一个"蛇头"来帮助图瓦拉秘密潜入柬埔寨境内。在当时，将那些想从南越逃往柬埔寨和泰国的人偷渡出境，是一个新兴的生财之道。这种偷渡行为能带来巨额的利润，所以，那些"蛇头"们甘愿铤而走险。

此次秘密进入柬埔寨的行动还算顺利。只是，图瓦拉身上值钱的东西都被"蛇头"洗劫一空。当他安全到达金边市时，两手空空，就只剩一身衣物。幸好，我们早就预料到了这种状况，所以，我们事先就把微点拷贝和微型密码书藏在了他橡胶鞋底的根部。香港的通讯地址和金边市区的一个秘密情报放置点的位置则被他牢牢地记在了脑海中。在那个秘密情报放置点，有一笔为他准备的启动资金，一些秘写备用的碳纸以及微点拷贝文件。

到达金边市后，身无分文的图瓦拉先把自己的身体清洗了一下，然后就来到了金边市图书馆。在欧洲历史的藏书架上，他顺利地找到了秘密情报放置点。打开信封后，看到了中情局为他准备的物品，以及几百里尔的柬埔寨货币。接着，他把一枚图钉别在了信封上，然后塞进了男厕所的门缝里，这就暗示他已取走放置点的信息和物品。现在的他已经做好执行任务的准备。离开图书馆后，他先去享用了一顿大餐，又买了几身干净的新衣服和洗漱用品。最后，疲惫不堪的他到宾馆洗了个热水澡，蒙头大睡了十二个小时。

次日早上，图瓦拉吃了一顿丰盛的早餐后，便去买了一台短波收音机，又对北越大使馆进行了侦查。直到中午，他才返回宾馆房间，做好准备，以便接收密码广播并将其解码——这是西贡情报站首次以密码广播的方式对他进行呼叫。下午五点十七分，广播准时开始。他仔细地记录下了数字并将其一一解码。之后，他写了一封简短的信作为障眼法，而信的背面，则以秘写的方式写着真正要传达的信息内容。他大致说明了一下他已经安全抵达金边市，并做好了接收密码广播的准备。最后，他还提到，他将会在第二天与北越使馆联系。

第二天，图瓦拉在午饭之前来到越南民主共和国的大使馆。他被请进了接待室，一名北越部队的大校和一名情报官员接待了他。图瓦拉讲述了他的故事，那名北越的情报官员一边听一边做记录。在长达两个小时的质问中，那些使馆人员始终对图瓦拉心存敌意。结束审问后，他们告诉图瓦拉，他还需要经过第二轮的面审。使馆人员预约在两星期后对他进行二次面审。此次会面结束时，这名情报官员肯定地对图瓦拉说，如果他今天所交代的事情完全属实，那么他相信，政府很有可能接受他的投诚。如此一来，他想要回到海防市的愿望就会成真。

在西贡的情报站和在金边的图瓦拉一起在焦急的等待中度过了约定的两个星期。可是，当他按照约定时间来到使馆时，上次接待他的北越情报官员却只是简单地应付他说，对他的背景调查核实工作还没有完成，所以那名情报官员让图瓦拉一个星期之后再来问问情况。当我们得知这个消息之后，更加坐立不安了。我们一致认为，这一定是由于北越的官僚体制的原因，所以办公效率才如此低下。我们对于图瓦拉回归北越的掩护故事过于自信，认为它一定能打动北越政府。与此同时，西贡的新闻界和南越军队正对图瓦拉的失踪事件和他所立的战功议论纷纷。而北越民主共和国在西贡的情报资源，却远没有我们想象中的反应灵敏。

使馆原本约定在一星期后与图瓦拉见面，但不知出于什么原因，又再次推迟了多日。那名情报官员解释说，他们相信图瓦拉所陈述的内容，但是，他们还不能肯定，图瓦拉究竟是出于什么动机以非战争逃兵的形式投靠北越的。接着，这名官员提议，既然图瓦拉拥有丰富的战场经验和过人的勇气，那为何不上前线与南越和美国军队对战呢？如此方能体现他对北越的一片忠心。图瓦拉当然不能接受这条建议（作为图瓦拉的背后支持者，我们也和他的意见相一致）。就这样，政府的答复及审批过程又被一拖再拖。在等待期间，北越的情报官员给了图瓦拉一小笔资金补助，这让图瓦拉觉得，期待中的计划也许还有希望。慢慢地，几个月过去了，图瓦拉和中情局的耐心都快被耗尽。而就在这个当口，中情局总部的某些高级官员犯了个愚蠢而又低级的错误。

　　一天晚上，图瓦拉在金边市的一家酒吧里与人发生了争执，于是，警察拦住了他并对他进行了审问。这名警察发现他没有身份证明，因此威胁他要以非法入境为由逮捕他。情势所逼，他只好拿出不小数目的钱财来贿赂那个警察。然后，他匆忙赶回宾馆，以秘写方式给西贡情报站写了封紧急信件。在信中，他说他的资金就快耗尽，而且很担心这名警察会一直盯住他，再找上门来敲诈他。他急需一笔资金解决目前的生存问题，希望中情局能把支援资金放在图书馆的秘密情报放置点。

　　收到这封信后，我便向西贡情报站的负责人上呈了一封简单的计划书。我建议启用情报站的一名支援谍员——TUSEED(非真实代号)，一个拥有法国国籍的情报员——让他携带现金进入金边市，并把钱放入之前的秘密情报放置点，以便图瓦拉前来领取。情报站的负责人批准了我的计划，于是，我立刻把计划内容用电报发回美国，向总部请示。第二天早上，中情局发来了回复。这封简短的回复，使我在职业生涯中，第一次对中情局感到失望。

　　总部很无情地否定了这个计划。并写道："我们在总部对图瓦拉无助的境况以及情报站的无力援助表示同情。但是，在我们看来，若是图瓦拉被捕，反而会更有利于他在柬埔寨的身份掩护。所以，关于启用TUSEED，或是其他任何一名情报人员，让他们到金边市给图瓦拉提供现金支援，这样的提议总部都不会予以批准。"

　　看到这样的回复，情报站站长和我都一下子懵住了。尽管后来我们又与总部用电报进行了数次交涉，但都没什么结果。无奈之下，我们只好执行总部的命令。我用密码广播的方式呼叫了图瓦拉，告诉他总部所做的决定。而这时，图瓦拉又一次遭到了那名警察的勒索，他已经快身无分文了。我指示图瓦拉，让他返回北越使馆，再次向那名情报官员提出投靠申请，并请求他们提供经济援助和保护。中情局总部把全部的赌注都压在这一步上。他们百分百地确信，北越政府定会因为此事而加快审核程序，从而接受图瓦拉的申请。

大约三周后，我们收到从香港传来的秘密信息。在那封信的反面，图瓦拉的笔迹我这辈子都无法忘怀："你们为什么不肯给我提供资金？！我再也无法支撑下去了，情况不妙。北越使馆拖得太久了，但无论如何我都会完成任务。我会把收音机和发射器转移到安全地点。我正要加入越共，想办法打入北越。我仍然留着微点拷贝阅读器和香港的联络地址。等到达海防市后，我再给你们写信……"

图瓦拉把设备隐藏了起来，他找到了另一个能进入北越完成使命的途径。不知他用了什么办法，得以加入越共的一支小部队。当时，这支部队正准备前往胡志明市。图瓦拉利用自己的智慧，在突发情况下随机应变——这是每一个特工都要具备的最基本的素质。在这一点上，图瓦拉是个极其出色的情报人员。

然而，我们的B-52大型轰炸机在不久之后就要对"胡志明小道"（横跨越柬边境）实施密集轰炸任务。可悲的是，图瓦拉对此并不知情。从此，图瓦拉便杳无音讯。

一年之后，官方才宣布"推定其死亡"。我们的情报人员只得给他在西贡的家人寄了一万美元作为抚恤金。

图瓦拉的个人资料被中情局封存并转到了档案室。中情局早就把图瓦拉忘得一干二净。但直到今日，他的家人和朋友仍然认定，他是国家的叛徒。

◉ 信息源的雇用

如果海泰克股份有限公司（Hitech）想要获得海尔泰克股份有限公司（Highertech）的信息资料，但他们却无法顺利地让海尔泰克的工程师为其提供服务，这时，海泰克公司只好内选出一名合适的员工，试图让海尔泰克公司的人力资源部注意到他，从而对这名员工产生兴趣——这才是上上之策。如果这个双面间谍能够成功地打入海尔泰克公司，这对海泰克公司来说实在是一件两全其美的事。首先，他们可以知道，海尔泰克公司的手上握有哪些关于他们公司的情报，以及，对手还对哪些情报感兴趣（即反间谍信息）。其次，通过这种反间谍活动，他们也就能及时地摸清对手公司的计划、意图、动态，以及这名间谍所掌握的所有内部机密。这样做的又一优势是：这个信息源所提供的信息，相当于渗透谍员所能获取的信息。正如之前被"策反"的通用公司高管一样，这名线人不仅能提供历史信息，还能把公司的未来规划，也及时地反馈回来。

让我来对双面间谍应具备的素质稍作补充：双面间谍的人选必须经过全面彻底的审核，并且要求绝对忠诚。在敌营内部工作，就意味着身处危险之中，要面对常人难以想象的压力。所以，双面间谍的候选人必须具备沉着处理一切问题的能力。特工与情报专员之间的所有会面和谈话都应是秘密进行的，所有已获信息都必须要严格保密（必须严格按照"按需知情"的原则）；如果说，根据线报所采取的行动有可能会让线人的身份曝光，那么，这个行动就应被取消。

以上的这些因素会对双重间谍任务执行效果有所影响。双面间谍所具有的优势条件，也会使得他们更容易成为对方情报机构或企业的间谍"物色"对象（比如那些在企业敏感职位上担任职务的员工，或许他们本身为这家公司的家族成员）。所以尤其要牢牢看住这样的员工。

不是任何一家公司都有实力操作信息源或双面间谍的雇佣任务的。这类任务对国外的情报机构来说不在话下，因为这些情报机构拥有充足的培训资源和丰富的招募经验。所以，要警惕那些来自亚洲的交换技师、来自俄国的研究生，或者任何一个外国技师、工程师。因为，他们很有可能成为国家的间谍招募对象。

在反间谍情报的那章我们再来详细讨论这个话题。

5

窃听行动

首先，我要警告你，不要妄图进行窃听活动(安装窃听器、窃听电话等)；其次，我想提醒你，要提防自己成为窃听活动的受害者。

尽管窃听活动是CIA和FBI完成秘密任务时最常使用的手段，但是，窃听行为在美国（及其他许多国家）属于非法活动。除非由法官特别批准，允许其在特定的情形下采取这种特别行动，否则，窃听就属于非法行为。在面对巨大的金钱诱惑时，一些不择手段的私家侦探和图谋不轨之人就会铤而走险，完全不顾及触犯法律的后果。为了使读者加强对窃听行为的防范意识，下面我就来详细介绍一下各种类型的窃听活动，让你知道专业人员是如何计划和操作的。如果你清楚地了解了窃听是怎么一回事，也知道了它是如何实施的，那么，你也就能更好地保护自己了。

◉ 木马计

要格外小心"特洛伊木马"式的礼物！最常用的窃听设备安装计划，就是通过木马计来实现的。怎么理解情报领域的"木马计"呢？情报领域的"木马计"是指，把窃听装置藏进礼物里，再找机会把礼物赠送给目标人物。而送礼方只能期待，目标人物在收到礼物之后，能够将它安放在最常进行私人谈话的区域，比如：董事会的会议室或他的办公桌上。因此，礼物的类型关乎它最有可能被安放的位置。一旦礼物被送出以后，送礼方就没法控制它的下落了。

几年前，我就执行过一项特殊又新奇的"木马"行动。那次的任务目标是一个共产主义国家的高级领事馆。在一次外交晚宴上，这个国家的大使恰好在出席的宾客之列。更幸运的是，此次宴会的举办地点是在中情局的一位特工家里。我们的目标人物对那名特工的起居室里面的一尊雕像很感兴趣。

这尊半人高的铜像刻画的是一位老农，他头微往后仰，一张笑脸迎对着太阳。这名大使在这尊铜像身上领悟到了特殊的意义。他认为，这尊雕像象征着凄凉的困境过后就是新的黎明。这份寓意代表了他的祖国的现状，他的国家正在努力地从过去那条老旧的道路迈向一条光明的现代化道路。

外交晚宴结束后，这名特工就把目标人物对那尊雕像感兴趣的消息汇报给了情报站。得到消息后，情报官员们的脑袋里就酝酿起了这样一个计划：为何不把这尊雕像作为礼物赠送给这位大使呢？他肯定会把它放在使馆内引人注目的重要位置，有可能是在使馆会议室，也有可能是在与来宾交谈的会客室。情报站给这名特工下达了命令，要求其在下次特工会议时把雕像带到安全屋，以便中情局负责安装窃听装置的技术人员对它做全面的检查。

当技术人员看到眼前的雕像时，立刻就注意到，虽然这尊雕像足够大，但是，如果要毫无痕迹地装进传声器和传感器，这基本是不可能的。更别提还要装进足量的电池，以及延长其使用时间的遥控器了（为了省电，情报人员可以根据情况随时使用遥控器打开或关闭窃听设备）。

这也是在安装独立声音监听装置时常常碰到的问题。因为，这些装置是要靠电池组来维持运转的。为了延长它的工作时间，就必须要放入更多的电池。因此，装置的重量也就随之增加。虽然说，目前的科技水平已经可以使窃听装置的其他部件微型化，但这并不包括电池。在窃听设备中加一个开关装置的目的是，即使离这个装置很远，情报人员仍然可以随时打开或关闭窃听器，这样一来，就能相对地缩短传声器的工作时间，延长电池的使用寿命。

一般来说，我们希望这个窃听装置可以运转上好几年，而不是只有短短的几周。这个三英尺高的铜像，无疑是个可以藏纳窃听设备与电池组的理想之处。可问题就在于，如何才能做到既不在铜像外表留下痕迹，又能把全套设备都顺利地装进这尊雕像呢？

为了达到目的，我们费尽心思。情报站、总部以及地区技术基地都在商讨这个问题。最终，一名技术人员灵机一动，想到了解决办法：为何不再找一个替代品呢？我们可以制造出一个一模一样的雕像，在铸造完成之前，先把设备放进去。也就是说，我们赠予大使的礼物并不是先前的那尊雕塑，而是另一个装有窃听装置的复制品。

凑巧，情报站内有一名擅长雕塑的窃听设备安装技师，于是，我们就指定他来完成雕塑的复制工作。当他忙于制作雕像的时候，其余的技术人员则负责组装和检测传声器、传感器、遥控开关以及之后要安装于老农头部的、能够维持数年的电池组。

仿制品的效果非常理想。这名技术人员简直就是一位伟大的雕塑家，他的复制品完全能够以假乱真，就连分量也与之前的那尊毫无差别。在装入窃听设备并将雕塑密封好之后，我们发现，技术人员恰巧把传声器安在了老农上扬的嘴唇后面，通过这尊雕像凹陷的头部，传输出来的音质十分的饱满、低沉而又清晰。

万事俱备，只欠东风。我们终于等到了合适的时机把礼物送出去——这个共产主义国家的国庆节。当天晚上，在使馆举行的招待会上，我们的特工完成了"送大礼"的任务。

通过监视设备，我们的监察小组在使馆外观察着这名特工的一举一动。只见他走进使馆院内，把包装好的雕像从后备箱中抱出，将其搬进使馆楼内。特工一迈入大门，雕像内的监听装置就被激活了，监察小组将整个赠送仪式看得一清二楚。在一条街以外的一所公寓内，情报站设立了一个监听岗。这里安放着监听设备的另一终端，使馆内的所有声音都被完整地录制了下来。

这位大使对这份礼物甚是欢喜。他把雕塑放在了使馆内的一张餐桌上，一整个晚上，我们都能听到他们的交谈。当最后一位客人离开后，放置窃听器的房间的门也就随之关闭，大使和其他工作人员也都回去就寝了。于是，我们也就把装置关闭了。

第二天一大早，我们又打开了监听装置，立刻就听到了使馆工作人员杂乱的交谈声。他们一边喝着早茶，一边准备着当天的工作。突然间，我们听到了大使和他的秘书走进这个房间，他们正商量着当天的行程安排。然后，便开始了使馆工作人员的每日例会。这时，我们听到了工作人员聚集过来的声音，甚至还能听到他们在下面的窃窃私语。

例会准时在上午九点开始，窃听装置录下了会议上的每一句话，且音质极佳。我们的情报人员根据所收听到的内容，撰写了两份情报汇报报告。这也是此次窃听行动的初次战果。

就在会议即将结束时，大使吩咐道，让使馆内的工作人员把这尊雕塑搬到二楼的楼梯尽头，让所有人都有机会欣赏。这对我们来说是个坏消息。雕像的新位置是在使馆的走廊上，这并不是一个能听到员工和来访者谈话的有利位置。

从表面上来看，此次行动还算成功。但是，渐渐地，监听人员的耐心被耗尽了。连续好几周，我们都只能听到人们走过雕像前的脚步声，以及断断续续的谈话片段，除此之外，没有任何重要的收获，行动也被就此取消了。我们永远地关闭了这个监听装置，就连监听岗也随之撤除。

这就是"木马"行动的弊端——送礼方不能左右礼物所摆放的位置。此外，这类行动的致命弱点就是，所有人都知道这个礼物出自谁手。万一，目标发现了礼物内的监听装置，那么，最可疑的就是这个送出礼物的人。这也就意味着这名特工的末日。

◉ 快速安装

另一种安置监听设备的方法就是"快速安装"。这类行动要求特工能够直接出入目标区域，然后亲自把窃听设备安装在会议桌的下面，或者其他类似的地方。与"木马"行动相比较，"快速安装"有着得天独厚的优势。而且通常而言，基本无人能察觉到设备安装者和装置本身的联系（稍后我会解释，为什么这里用到的字眼是"通常"，而不是"绝对"）。这也是快速安装行动最大的优势。

"快速安装"虽然有多种类型，但无一例外的是，都要求特工在安装设备之前，掌握目标的基本外形信息。举个例子，如果是打算把窃听设备安装在某个会议桌的下方，那么，就需要提前了解桌子的材质和颜色（比如：这张会议桌的木头材料是浅色还是深色），这样才能避免设备会引起检查人员的注意或是怀疑。但凡举行涉及专有信息的会议之前，都会有工作人员对桌子的背面做例行检查。所以，在行动之前，情报人员就应将这点纳入考虑。

和前面的"木马"行动一样，隐藏窃听设备的手段在整个快速安装行动中起到了决定性的作用。假设目标对象是一张会议桌，那么就应该把窃听设备藏在一小块木板里，使之与桌子的三角形支撑物相匹配。这要比把藏有窃听设备的小方盒直接粘在桌子底下要隐秘得多，负责会议安全检查的工作人员一眼就能看见小方盒，而这种做法则可能使窃听装置潜伏工作数年。

有的时候，由于隐藏设备的手段太过拙劣，从而导致了刚安装好的设备就被人发现；更有甚者，当特工在安装设备的过程中就被当场抓获。那么此时，特工的命运就与这台设备紧密相连了。因此，在涉及设备安装者与装置本身的关联性时，我才用了"通常"这个字眼。

"快速安装"的隐藏手段，可以分为定制隐藏式和通用隐藏式。上面所讨论的会议桌（也可能是咖啡桌等）下方的三角形支撑物，或者将窃听装置混杂在书架上的一本书内，这类属于定制隐藏。有可能此时在你身边某个你意想不到的地方，正藏有这类窃听装置。

在情报活动中，经常会将一把尺子或一把螺丝刀"不经意"地塞进沙发靠垫间。在这些不起眼的日常工具内，其实都暗藏玄机。这就属于通用隐藏式。我最爱用的通用隐藏式就是电源适配器。

这种隐藏手段的绝妙之处在于，电源适配器和插座随处可见，是极为普通的日常生活用品。如果有人在目标地点的插座上留下了一个电源适配器的插头，这根本不会引起任何人的怀疑（需要注意的是，电源适配器的插头类型必须和所在国家的插座类型相匹配）。还有一个好处就是，这种装置无需另配电池，因为它可以直接从插板上获取电力，所以并无限定的使用期限。

当然，这种电源适配器形式的窃听设备也存在着一定的缺陷。下面的实例就会把这些缺陷暴露出来，以供读者借鉴。

一直以来，中情局都致力于将窃听设备装进一个亚洲国家的使馆内，但苦于一直没有机会。终于，下手的机会来了。在一次重大的政治事件发生后，该使馆的发言人邀请了一些对这个国家友好的媒体，连续到使馆内进行了几次电视采访。他们希望借助电视媒体的力量，来阐明这个国家在此次事件中的立场。而这就需要聘请摄制组来配合各大新闻机构的通讯员。

幸运的是，一名长期为中情局服务的特工正好是该剧组的成员。在录制节目时，他将会负责灯光和摄像镜头。在录制现场，通常会有多种媒体设备，自然就会用到插座和电源适配器了。

在采访的当天，一辆装有监视仪的车就停在附近，用来检查和记录窃听设备的安装。新闻工作者们准时入场，将工作器材装备好以待用。当我们的特工把监听设备插到壁式插座上时，房间内的声音立刻就清晰地传了过来。整个采访都被完整地记录了下来，当摄制组开始收拾设备时，我们的特工顺手就把窃听设备插进了壁式插座。在摄制组离开后，我们监听了到使馆内部人员的私密谈话。根据监听到的谈话内容，我们向上级汇报了这个国家可能将会实施的外交政策和媒体计划。

好几个星期，这个窃听设备就一直待在使馆接待室的墙壁上。通过它，我们能够听到使馆工作人员和来访人员之间许多有意思的谈话。这个装置不断地为我们提供具有情报价值和可操作性的重要信息。直到有一天，这个装置突然停止运作了。

就在它失灵的那一天，我们先听到了一名清洁工扫地、擦玻璃和整理房间的声音。之后，她把吸尘器的插头插到了电源上，我们又听到了吸尘器的噪声。在完成吸尘工作后，她就关闭了插座的电源。很遗憾，我们的窃听设备恰好就在清洁工关掉电源的那块电源插座板上。由于失去了电源供应，装置也就停止了运作。

在之后的数个月中，我们一直都寄希望于窃听装置能够恢复运行。每当清洁工打扫房间时，她都会将插座的电源开关打开，这时，我们就能听到吸尘器的噪声。但是，每当完成打扫工作后，窃听装置就和吸尘器一同被搁置在了清洁用品橱柜里。我们在祈祷，希望有一天这名清洁工能把我们所安置的插头拔出，并把它插到一个有效的位置。但是，这个奇迹并没有发生。我们的任务只好被迫中止。

这就是此类"快速安装"行动最致命的弊端。一旦安装完成后，我们就失去了对它的控制权。

◉ 钻孔行动

数年前，中情局在欧洲完成了历史上最成功的一次窃听行动。那次行动为中情局带来了大量的高质量情报，这也使得参与行动的情报官员和技术人员成了中情局的英雄人物。而我，则是这个行动小组的具体负责人。中情局内的许多高级官员也参与其中，包括：情报站站长、中情局总部的部门领导，以及中情局行动部门的副主任。这个窃听行动曾多次在关键时刻为政府提供了及时而又重要的情报，并且，还使得美国国务院和国家安全委员会的几位高层领导人有了步步高升的机会。

你可能已经猜到了，这一次，我们的目标地点，仍然是某个亚洲国家的使馆。从抵达行动地点到最终离开，我们打了一场历时四年之久的马拉松情报战。这四年中，萦绕在我脑海中不变的难题是，如何渗透到防备森严的使馆。

初到情报站的日子，我一头扎进一堆文件中来研究使馆内的目标房间。当时我所在的办公室是在情报站的二楼(一楼以上为敏感区域，情报站不允许任何特工进入到一楼以上的房间)。我所在的办公室是由一大一小的两间会客厅、一间接待室及一间休息室组成。我们已掌握的资料包括：目标房间内有些什么家具、墙上有几幅油画、室内的灯具长什么样以及还有什么装饰品和小摆件之类的具体信息。曾有人提出使用"木马计"或者"快速安装"行动，但由于种种原因，这些提议都被一一否决。还有人提议，把咖啡桌上躺在小炮架上的拿破仑白兰地掉包，但这个建议也未被采纳，因为调换的难度很大（安防酒瓶的小炮架十分笨重，很难把它装进手提箱里带入那栋楼）。而且，炮架内也没有足够的空间来隐藏窃听设备和电池。

没过多久，我就注意到，这栋使馆建筑的一面墙恰好与毗邻的一栋小楼相连。这是一栋紧挨着使馆建筑背面的公寓楼，一共有四层，一楼有两个小户型的公寓，楼层越高，房间的户型也越大。每一层楼都有一个房间的墙面连接着使馆建筑。如此一来，我们就可以在任何一个与使馆相连的房间中，采用钻孔的方式来完成任务。

这个新发现令我欣喜。每天，我都会数次从它面前走过，或者是坐在对面的咖啡屋里观察这栋楼，一看就是好几个小时。我观察着街上的过往行人，试图能了解到那栋公寓楼里的居住者的情况。

皇天不负有心人，机会终于来临了。有一天，我突然注意到，某一层临街房间的窗户已经连续紧闭了三天了。这不是正常状况。通过这段时间的观察，我得知，没有哪位主人会超过一天不开窗。我忍不住从百叶窗的缝隙中往里偷窥了一眼——房间里空空荡荡。很明显，房客已经搬走了。这就意味着，这套房子处于待租状态。我意识到，如果能把那套公寓租到手，就可以在墙面上打孔，从而通入使馆的那间小会客厅。对于这个重大发现，我雀跃不已。是时候该加速行动了。

由于没有看到出租提示的招牌，于是，我就派了一个叫做Jo-Jo的特工参与了这项行动，让他去打探消息。Jo-Jo体型微胖，却很招人喜欢。我先让Jo-Jo向那栋楼内的其余住户打听了有关那间空出来的公寓的相关消息。不出所料，原先住在那套房子里的夫妇已经搬走了，他们把这套房子交由了当地的一家地产中介公司处理。得知这一消息后，Jo-Jo立刻赶往那家中介公司，询问有关租房的信息。然而，事与愿违的是，地产中介告诉他，那套房子已经租给了那对夫妇的朋友。而且，就在最近几天，他们就准备签合同了。

几个小时过后，Jo-Jo在附近的一家餐馆向我汇报了情况。这个消息犹如一盆冷水泼来，原先的惊喜顿时化为乌有。但是，我们并不愿放弃，既然还没有正式签合同，那么也就是说，我们还有一丝机会。我决定抓住这丝机会，立即采取行动。我让Jo-Jo在餐馆候命，自己则赶回办公室，从行动周转资金里取出大约2000美金，把它们放进一个白色的信封里，塞进了外衣口袋。紧接着，我又返回餐馆，把那装了2000美金的信封递给了Jo-Jo。

我命令他立刻赶往那家中介公司，并向他们说明，那套房子正好符合他的需求，这不是其他房子能替代得了的。我要求他不计一切代价，就算是痛哭流涕地央求，也要租下那套房子。我们甚至编了一个凄美的故事：他的妻子身患绝症，已时日无多，而她的童年正是在这套房子附近的小区中度过的。在生命的最后日子，她想在留有童年记忆的地方度过。由于身体虚弱，她只能坐在轮椅上，这套位于一楼的公寓可以帮助她实现最后的愿望。我们想，如果这样悲惨的故事都不能博得同情的话，那他们简直就是冷血动物。

我坐在餐馆内，享受着一杯又一杯的意大利浓咖啡。大约一个半小时后，

Jo-Jo回来了。从他那无精打采的表情中,我猜到,他没能租到那套房子。

在向我汇报与地产中介见面的情况时,Jo-Jo显得很紧张。他说,无论他怎么竭尽所能地表演、泪流满面地苦苦哀求,那名工作人员始终无动于衷。中介还是坚持他们的立场,不肯撤销先前对别人的承诺。苦肉计失败后,他只好从口袋里掏出了信封,放到了那名工作人员的桌子上,又一次乞求他,请他用信封里的钱去帮那对夫妇另找一套合适的公寓,而这一套就留给他可怜的妻子,因为这对于他们无比重要。可是,中介人员只是慢慢地拿起信封,掂了掂重量,然后就把它放进了办公桌后的一个保险箱内,淡淡地说了一句:“看情况再说吧。”

在支出这么大一笔开支前,我并没有得到上司的批准。我甚至都没有一张收据来说明这笔资金的去向。如果不能租下房子,那么我就得自掏腰包来填补这2000美金的损失。当时的我根本无力担负。如果Jo-Jo无法使地产中介改变心意,那此次的行动势必要再费周折。到那时,才真的叫吃力不讨好。

次日下午,Jo-Jo再次到地产公司打听租房消息。他一从中介公司出来,就暗示我到老地方见面。我比他提前几分钟到达那家餐馆。看着他向我走来,眼神中闪烁着难以抑制的兴奋之情,我知道,事情大概办成了。果不其然,Jo-Jo走到我面前,一把抓住我的手,激动地宣布:“我把那套房子租到手了!”这也就意味着,我们的行动迈出了关键性的一步。

直到这时,众人紧绷的神经才稍稍松懈了下来。我们认为,这套房子可以“一房两用”,其中一间房可以打通到使馆内部,而另一间小客厅,则可以作为监听岗。除此之外,这套住所可以成为我们在这栋公寓楼里的基地,使我们有机会渗透进其他楼层,从而渗透进使馆的其他房间。几经波折,我们好不容易租下了那套公寓,然而,接下来的事情却令我们始料未及。

中情局的专业技术人员来到这套房子内,准备开始钻孔工作和窃听设备的安装,Jo-Jo也正式入住了(他所虚构的那位坐在轮椅上的妻子并没有出现),他把这里布置得和正常居民的家里一样。Jo-Jo每天在小区里遛狗,与附近的店主和邻居碰面,渐渐地,他融入了这个小区。

在初次钻孔的那天,技术人员特意选在早间上班的高峰期,将两套经过掩饰的窃听设备带入了公寓楼。接着,就开始了安装工作。他打开了三个新秀丽牌的大箱子，从中取出了窃听装置以及用来安装的工具。需要钻孔的位置就定在洗菜池的上方，技术人员走进厨房，开始在墙面上钻孔，他试图将冲击钻穿过厚厚的混凝土墙面，穿到大使馆的小会客厅。

技术人员初步估计，两堵墙之间的厚度大概是30英寸至32英寸之间。这样的厚度增加了钻孔的难度。他们决定，先采用钻头直径为1.5英寸的背包式岩心钻机，在最初的18英寸厚的墙面上进行钻孔。打穿了前18英寸后，再换钻头直径为3/8英寸的钻机，完成余下的钻孔任务。因为，小型号的钻机所发出的噪音也会更小。

在到达墙面最后三英寸的厚度时，钻孔工作也进入了最关键的时刻。他们本打算用3/8英寸的钻头继续钻孔，技术人员也应先用"反向散射测量仪"这种探测工具来测量一下未被钻开的墙面厚度。如果探测仪显示，余下的墙面实际厚度为半英寸至3/8英寸之间，那么技术人员就应把3/8英寸钻机放在一边，而改用钻头为别针大小的"针手钻"。为了确保传声器能正常工作，必须要给它留一个针孔大小的空气流通口，而且，这个小洞口还不能轻易被人发现。这个小洞口将会是这个形似香肠的、长度为3/8英寸的传声器的绝佳藏身之处。以上是我们所期待的结果。

而实际操作的结果却令人大失所望。原来，这名负责钻孔工作的技术人员在到达现场之前，一直在非洲执行设备安装任务，本已疲惫不堪的他还未来得及倒时差，就被派遣到这里执行新任务。从钻孔工作一开始，这位技术人员就心不在焉，根本无法集中注意力。由于这栋建筑物已很老旧，混凝土变得较为松散，这本该是十分有利于钻孔工作的。技术人员毫无差错地完成了前十八英寸的墙面钻孔工作。但是之后，他并未经过反向散射测量仪的探测，毫不犹豫地就换上了3/8英寸的钻头。于是，墙面被他打通了——使馆房间的墙壁上被他钻开了一个窟窿。

直到这时，他才意识到事情的严重性。这个身高6.2英尺（189厘米）重达200磅的彪形大汉立刻吓得面色苍白，站在梯子上发抖。那个洞口大到能被他的左手穿过，他另一只手拿着钻机，惊慌失措地回头对我们说："我把这该死的墙打穿了。"另一名技术人员递给他一块海绵，示意他先暂时堵上墙面上的大洞。我则让他赶紧从梯子上下来，以免摔倒。他下地后，我轻轻地挪走了梯子，让房间内的其他人把灯关上，取出海绵，再从洞口窥视墙另一端的动静。感谢上帝！当时那间使馆小会客厅内并无人在场。

我召集屋内的所有人一起商讨下一步该怎么做。我们无法得知墙的另一边的准确状况，没准儿技术人员在打穿墙面时，还不小心把手按在了钻机的出水扣板上，使得隔壁使馆房间的墙上留下了一条脏水印。不过，这一切都是我们的猜想，唯一能肯定的是，在目标房间的墙中间，存在着一个3/8英寸大小的针眼小洞。我们没有办法去隔壁检查墙壁上钻孔，更不可能把隔壁的墙壁修复回原始状态。

当下最重要的是，尽快离开那套公寓。但在离开之前，我们还要尽量把损失降到最低。首先，我们得尽量把这个针眼小洞给堵上。技术人员从钻机头上取下一小块水泥，我们发现，这块水泥刷有墙面涂料。也就是说，我们只要把这一小块水泥粘回那堵墙上，就能从表面上填补这个小洞。技术员仔细测量了被打穿的那个小洞的深度，然后在钻头上蘸了点环氧粘合剂，再把刷有墙面涂料的那一小块水泥送入了之前被打穿的小洞里，用粘合剂把它粘合到了原来的位置，再等待粘合剂风干。修补操作完成后，我们只能听天由命。我们无法确定，在这次修补工作中，洞口深度的尺度把握得是否精确，也无法确定钻机头是否到达使馆房间的墙面，更加无法确定钻头有没有伸出墙面。

那两名技术人员手忙脚乱地填补着墙面上的钻孔，努力做到不留痕迹。之后，又把厨房和钻孔现场清理干净，再将携带的工具重新放进手提箱里。Jo-Jo也忙着收拾行李。我命令他，立刻离开这所城市，到南部和他正在度假的家人会和。除非有我的通知，否则不能返回。如果此次行动被目标对象发现了（我们当时认为，这次行动极有可能会暴露），那么Jo-Jo一定要坚称对此毫不知情。因为他可以提供不在场的证据——当时他正和家人在南部的海岸度假。我嘱咐他，一定要矢口否认自己与此次行动的关联，并坚称是有人趁他外出度假的期间，未经他的同意就闯入了这所公寓。我们相信，使馆人员不会为难一个奉公守法的普通老百姓。

在打扫清理完现场后，我们的技术人员就回到了地区技术中心，Jo-Jo也在前往度假的途中。我回到情报站，向负责人报告了这个坏消息。这真是一次蹩脚的行动。

我们做好了最坏的打算。然而，幸运的是，几天过去了，却没有任何动静。又过了些日子，我们所担心的坏消息始终没有来临。两个星期之后，我们决定派一名线人到使馆内部一探究竟，去瞧瞧那堵受损的墙面到底怎么样了。这名线人约见了一名使馆官员，恰好，使馆人员在那个小会客厅里接待了他。利用此次谈话机会，那名线人细心地观察了墙面上的痕迹。尽管我们并没有说出让他观察墙面的原因，但想必他已能猜出我们的用意。

几个小时后，他从使馆返回，见到我们的第一句话就是："你们这帮家伙究竟做了些什么？"然后，他才开始描述那堵受损墙面的情况（之前我们已将钻孔的准确位置告诉了他），他说，在墙的正中间处大约一人坐姿的高度，有一个直径为八分之三英寸的凹陷的圆形痕迹，凹陷的部分大概有八分之一英寸深，看起来就像是有人用扫帚把手在墙上猛击了一下。他和使馆官员谈话时，离那堵墙只有三步之遥。

虽然在初次的钻孔行动中，那名技术人员犯了致命的错误，不过，他却出色地完成了后面的修补工作，从而弥补了他的"罪过"。直到此时，我们才夺回了行动的主动权。

我们又耐心地观望了几周，仍是一片风平浪静。我们决定回到公寓楼里，开展后续行动。我出差到海边，与另一位特工见面并给他任务提示，就在这两天，将会有另两位技术人员抵达那栋公寓楼。

这一次，我们把任务完成得天衣无缝。在离原先的钻孔处向左几步远的地方，我们又钻了一个小孔。在最后阶段，技术人员用针手钻打穿了墙面，并将窃听设备装了进去。试听效果很是清晰。

这次行动与之前一次的主要区别是：要从墙面里的传声器中拉出一条线，连接到厨房的磁带录音机上。这项任务叫做"传声器与拉线行动"。在所有的窃听设备安装操作中，这是最为简单和最为可靠的一种。但是，这种方法有一个很大的缺点：这根线将目标房间和监听岗紧紧地拴在了一起。如果目标房间内有人发现了这个小孔和墙壁内的传声器，那他就能顺藤摸瓜，抓到"隔墙之耳"。

为了以防万一，我们还替Jo-Jo编好了逃脱责任的理由。我们给传声器配置了一个传感器，在五百码的范围内，我们都可以任意打开和关闭窃听器。这样一来，我们就可以把监听岗搬离这所公寓。万一有人找上门来调查那堵墙，Jo-Jo仍然可以沿用上一次的说辞，装作毫不知情。

我们把传感器隐藏在传声筒的后面，并连接了一根交流电线，用以保证电源供应。我们把监听岗也搬到了小区内的另一栋楼里。就这样，窃听行动开始了。

这次行动的收获远远超出了所有人的期待——这个小会客厅不仅被用作于使馆官员与国外友人之间的会谈和采访，而且也是工作人员举行例行会议的地点。每周四晚饭过后，使馆官员们就会聚在这个房间内，这一天，通常都有国内的公务员来做情况简报会。我们能定期收获到稳定的情报。由于从目标处所获得的情报数量日益增多，所以必须得安排更多的抄录机和报告干事来协助情报工作。中情局总部不断地收到具有实用价值的信息情报，我们甚至能从中了解使馆工作人员和本国到访官员的个人资料，并对他们的个性做出评估。曾经面临暴露的危险的任务，如今竟奇迹般地起死回生了。因着这次行动，我们在中情局内部名声大振。

但是，大家心里还是有些忐忑不安，说不定哪天有人发现了墙壁上的破绽，那么使馆的安全部门就会发现这次渗透行动。六个月后，我们所担忧的事情终于不期而至。然而，幸运女神却再次垂怜了我们。

一天早晨，监听岗的情报人员听到一阵工具和水桶相碰撞的咣当声，有几名工人进入了目标房间。从他们的谈话中可以判断，这些人是粉刷工。他们正在检查那面墙。有一名粉刷工注意到了我们所钻的小孔，对他的同伴大叫："快过来看呐！这是什么？"其中的一名工人（很可能是他们的老板）走到小孔跟前，仔细检查后，说，"是个小洞。"另一名工人问，"怎么处理它呢？"老板回答说，"把它填上。"

于是他们就把那个小孔填上了，并把房间整体粉刷了一遍，如此一来，我们先前的"漏洞"就被永远地遮盖住了。

故事还在继续。我们继续使用了线人Jo-Jo。要求他在公寓楼里处好邻舍关系。Jo-Jo的这间房间，将有利于我们向使馆其他房间的渗透。

我们计划了一个新的渗透任务。这次的目标是使馆内的一间大会客厅，与我们之前所渗透的那间小会客厅在同一楼层。目标房间与Jo-Jo隔壁的那套房子仅一墙之隔，这套公寓里住着的是一对老夫妇。

Jo-Jo很快就与这对夫妇成了朋友，并且得知，整个八月，他们都会在地中海沿岸度假（大部分欧洲人都会这么选择）。当时已经是七月中旬，离他们度假仅剩两星期的时间，我们得抓紧行动了。我们已经知道，在这对老夫妇的公寓内，其中有一个房间与使馆的大会客厅的墙面相连。但是，在他们出门度假后，我们如何才能进入房间内呢？Jo-Jo向老夫妇表示，在他们度假期间，他很乐意帮他们照看房子。但他们拒绝了Jo-Jo的"好意"，显然，这对夫妇对自家的防盗门很有信心。

我们找机会查探了这套房子的大门，发现这是一款安全级别极高的防盗门，圆形的锁孔很难被撬开。于是，我们决定，在他们离开之前，再另配一把他们房门的钥匙。几天之后，Jo-Jo借机上门与那对老夫妇一起品尝开胃酒。趁老太太在厨房忙活，老头子在卫生间内的时候，Jo-Jo拿起放在门口小桌上的钥匙，用他携带的钥匙印模套件，取得了钥匙的模印。

钥匙印模套件是一种袖珍的铝制模具，这种模具与烤华夫饼的模具十分相像，都是由上下两部分组成，结合处用一片铰链连接。唯一不同的是，印模套件中放的不是华夫饼，而是模型粘土。这种模具可以对折，又很轻便，很易于随身携带。使用时，只需把它打开，在模型粘土上放进钥匙后，合上模具，紧紧按住，这样，钥匙的模印就会留在粘土上了。之后，可以根据这个模印轻而易举地配制出另一把钥匙。

我们计划，等这对老夫妇外出度假后，再乘机潜入他们的公寓，在与使馆大会客厅相连的那堵墙上，进行又一次的钻孔行动。

时机终于到了。中情局的技术人员一大早就成功地进入了那套房间内，Jo-Jo和我则在门口把关，确保技术人员有一个安全的环境来实施工作。

由于此次钻孔行动十分复杂，所以，为了安全起见，我们决定，在用针手钻进行最后的疏通工作时，一定要在确保使馆目标房间内无人在场。直到中午，墙面还剩最后的一、两英寸尚未钻开。我们就让Jo-Jo假装出去遛狗，借机观察使馆的那间大会客厅里的灯是否亮着。回来后，他报告说，房间内的灯依然亮着。我们只好等到房间内灯光熄灭的那一刻再展开行动。就这样，每隔一小时，Jo-Jo都会带着他的狗到街上去散步。终于，在晚上九点左右，那个房间的灯终于熄灭了。

技术人员完成最后一步钻孔工作后，轻轻地用针手钻疏通了一下钻孔。下一步就是把香肠形状的传声筒藏进新的钻孔里，让它紧靠着洞口，然后再连接上耳麦，测试传音效果。可技术人员刚一戴上耳麦，就一把将它从脑袋上摘了下来，说道："见鬼，里面传来打仗的声音。"

原来，使馆人员正聚集在这个房间里看战争片。我们能很清楚地听到影片中炸弹的爆炸声和枪声。

比起上一次的行动，这次的行动所带来的情报收获量相对要差一些，但总的来说，还是很令人满意的。在这间大会客厅里，经常会举行一些大型的报告会、鸡尾酒晚会，以及使馆内部的自由讨论会。偶尔，当小会客厅被占用时，这里也会被充当会客室。附近监听岗的工作人员现在要同时收听和记录两处的谈话内容。而此时，负责录制、翻译以及汇报的人手有限，不断扩充的情报量给我们带来了不小的压力。我们请求总部派遣援手来支持这项任务，他们毫不犹豫地批准了。对于早已习惯总部拖沓的官僚作风的我们来说，这着实令人感到惊讶。后来我们才知道，原来，巧妇难为无米之炊——情报分析人员一直苦于目标国家的情报量不足。而我们的行动对于他们来说，简直就是天赐的"粮食"。所以，总部才一反常态，痛快地答应了我们的请求。

下一步，将是一次伟大的行动。通过多次观察使馆内的亮灯情况后，我们开始尝试渗透大使的办公室。事先，我们让JOJO观察使馆楼内窗户的打开情况，以及每个房间的亮灯情况。如果是白天亮灯，晚上灭灯的房间，就能断定是办公室；如果是白天灭灯，晚上亮灯的房间，就能确定是居住单元。

最后，我们把目标锁定在了使馆顶楼的一间办公室。这间房间与公寓楼的背面相邻，而且每天的关灯时间总是最迟的。按照常规，大使的办公室通常都是被安排在顶楼。于是，我们将这间顶楼的办公室确定为下一目标。这次行动的有利因素是：这间办公室与公寓楼相邻。不利因素是：这位大使是出了名的工作狂，经常工作到深夜。全盘考虑后，我们还是认为值得一搏。

这两栋楼毗邻而立，从外面看，公寓楼要比使馆大楼略高出三、四英尺。这是因为，这条街道有一定的坡度。由此，我们可以断定，公寓楼三层的上半部与使馆楼四层的下半部墙面应该是相连的。换句话说，如果我们在公寓楼三楼靠近天花板位置的墙壁上打个孔，那么，隔壁对应的很可能就是大使办公室的踢脚板上方的墙面。

住在三楼的是一位老妇人和她四十多岁至今未婚的女儿。Jo-Jo与她们见过几次面，并从她们嘴里套出了一些个人信息。比如：她的女儿白天在什么地方上班；还有，除了去买生活必需品，老妇人平时很少出门。她们没有汽车，一整个炎热的夏天，她们都会待在城里。我们还得知，她女儿的社交圈子很窄。于是，我们决定，从她的女儿开始下手，发展与这对母女的关系。

我们选中了一名叫做理查的特工。理查是一名护送员，年龄在五十岁左右，正好与我们的目标对象年龄相仿。他帅气而又老练，很擅长与人打交道，能迷倒各个年龄层的女人。我们的目标对象一定也难挡他的魅力。事实上，在他们初次"偶遇"后不到一周，理查就有幸上门拜访了他的母亲。见面后，理查给母女俩照了一张非常专业的照片。这张照片对我们来说至关重要，因为它正是以我们所关注的那堵墙为背景所照的。这样一来，在完成任务之后，我们就可以根据照片，把墙面恢复到初始状态。我们需要提前知道壁纸的颜色、新旧程度以及裁剪处的色彩和材料等信息，以便毫无纰漏地完成修复工作。

同样，我们也给理查布置了获取那间公寓的钥匙的任务。这间公寓的锁孔是正常的扁平形，从外部也不难撬开。但是，为了节省开门行动时间，我们还是希望能有一把备用钥匙。撬锁并不像电影中所演的那样容易。就算是一个经验丰富的锁匠，要打开一把锁，也需要好几分钟甚至好几小时。撬锁的时间完全是由感觉和运气来决定的。为了避免开锁时间过长而影响到行动，留有一把备用钥匙是十分有必要的。

所以，理查的下一个任务，就是把大门的钥匙复制到手。在他们第一次"约会"时，理查就成功地做到了。当时，他们在当地一家颇受欢迎的餐馆享用晚餐。理查之所以选择了这家餐厅，就是看中了这里环境嘈杂，没人会注意他的行动。而且，这家餐厅旁的拐角处的商店里，就有一台配钥匙的机器。

晚餐时，理查趁对方不注意，把钥匙从这位女士的包中取出，并快速放入了自己的口袋中。过了不久，他就以打电话为由，溜出餐馆。他直接赶往商店，成功地配了一把钥匙后，又回到了那位女士的身边，悄悄地把钥匙放回了她的包中，而那把新配的钥匙，则留在了理查的口袋中——整个过程费时不到十分钟。如此一来，我们就可以轻松地出入那间房间了。现在，理查的下一个任务又来了。

在接下来的几个星期里，理查与那位女士频繁地约会。理查邀请这位女士和她的母亲到郊外共度周末。他告诉她们，他在南部的海边有一栋小木屋，他们可以一起在那里小住几天。她们愉快地接受了他的邀请。我们的计划宣告成功。技术人员和我一起盘算着下一步的行动。

几周后的一个周六，一大清早，理查就来到这间公寓，把这对母女接到郊区度假。我们的跟监小组看着他们离开，直到理查的车上了城西的高速公路。技术人员才进入她们的房间，准备实施行动。

这次钻孔行动毫无闪失，修复工作也不留蛛丝马迹，传输出来的音质效果也非常理想。现在，我们的监听岗需要同时监听和记录使馆内部的三个房间里的谈话了。

然而，直到钻孔行动完成后，我们才发现，那个顶层的房间是一间行政办公室，根本不是大使办公室。我们大失所望。这次行动所获取的情报的信息价值，远远比不上之前的那两次。可不久后，又传来了一个好消息。从这个房间的谈话记录中，我们得知，不久之后，在使馆内的某一秘密房间内，将会举行一次高层会议。届时，会有从本国来访的重要人物参加。从使馆官员的谈话中，我们获知，那个秘密房间在穿过大厅的某一位置，也就是使馆楼与公寓楼相连的那个房间——而该房间的隔壁，则是那对母女公寓内的一间卧室。

我们手中的图纸显示，使馆行政办公室楼梯走廊的另一端有两个房间。秘密房间应该就是这两个房间中的某一个，既然我们不能确定到底是哪一个，那么只好对两个房间同时进行监听。

接下来的一周中，理查与那位女士仍然保持密切的往来。我要求他重新点燃他们之间的关系，然后再度邀请母女俩外出旅行。我们需要一个无人打扰的周末，来完成两处的设备安装。多亏了理查的魅力，我们才有机会继续我们的下一轮任务。

我们决定先从使馆内堂下手。从新钻的小洞里所传来的音质非常理想，我们能清楚地听到谈话内容和打字员敲打键盘的声音。接着，我们又把设备放入墙内，再把它还原到之前的状态。显然，这个房间肯定是个办公室，那么，密室就必然是另一个房间了。

钻孔工作照常顺利进行，但是，在我们用针手钳打通最后半英寸墙面后，隔墙房间所传来的声音却十分的模糊不清。整整两个小时，我们一直在侧耳细听，可是，除了街上的喧嚣声与使馆楼内的嘈杂声以外，我们别无所获。这令我们很是费解，不知究竟是什么缘由会导致这样的效果。当时，目标房间内并没有人在场，那这些噪声又是从何而来呢？耳机里所传来的声音杂乱不清，就算是有人在房间里交谈，也只能收听到含糊的声音。我们怀疑，是不是窃听设备出了什么故障。

我们又换上了一个新的传声筒，并用针手钳把洞眼扩大，但是，音质依然没有好转。这时，技术人员猜测，这个洞眼也许并没有打对位置，有可能落在了房间与房间之中的中空部分。他们建议，在原先这个洞眼的基础上，再稍稍往前，用直径为3/8英寸的钻头，再钻出另一个小洞。然而，我担心的是，万一事实情况不是像他们所猜测的那样，那又该怎么办？吸取了第一次钻孔行动的教训，为了避免重蹈覆辙，不在使馆房间内留下一个明显的洞眼，我否决了这个提议。我建议，让他们把传声筒的线穿过小洞，看这样能不能带来什么转变。但是，在把线伸出洞口约六英寸远时，仍未触碰到任务物体。电线已经从洞口穿入目标房间，但音质仍是糟糕透顶，没有任何改善。

思前想后，还是找不出原因。大家轮流戴上耳麦，侧耳倾听，不过，从那边传来的依旧是使馆内嘈杂的声音。我们一起讨论了所有的可能性，一致认为，这个洞眼很可能打在了目标房间的一个柜子里，也许柜门是打开的。这也就能解释为什么只能听到另一边的嘈杂声了。我们决定，在离原先洞口五英寸远的位置再钻一个孔。

直到晚上，我们才完成了第二次安装任务。然而，不可思议的是，当我们把传声筒放进小洞后，所听到的声效依然毫无改善。窃听装置里所传来的仍然是难以分辨的嘈杂声。所有人都目瞪口呆。

经过几个星期的连续监听之后，我们最终确定，这间密室是一个"房中房"。在这间"房中房"中，可以安全地进行最核心的机密汇报和讨论。这的确是当今世界上大多数使馆内所采用的标准保密措施，只是，我们低估了这个亚洲国家使馆的保密水平。

基本上，在所有的美国大使馆里，都有一间透明的树脂玻璃建筑物，大家戏称之为"泡泡房"。这种"泡泡房"是一间可以容纳整个使馆工作人员的房间，里面通常会放置一张大会议桌和许多椅子。这种"泡泡房"被安装于房间内部，并被铜圈包围屏蔽，以保护里面的谈话内容不遭窃听。就算有人将音频发射机带进这间"泡泡房"内，这些铜圈也可以阻止任何信号的外传。"泡泡房"之所以用透明的塑料材质构成，就是为了方便从密室外观察房间里所有在场人员的一举一动。如果里面有任何窃听设备，那么一眼就会被发现了。

这种特殊的"房中房"并不是牢不可破的，但是，它的确阻碍了我们的渗透行动。

尽管屡遭挫折，但这次行动并未破产。在密室内会谈时，他们自以为身处于一个很安全的环境中，所以总是肆无忌惮地高谈阔论。这样一来，窃听设备就能捕捉到一些声音——尽管音质很差。不过，很幸运，这个大使是个"高音喇叭"，我们很轻易地就能识别出他的声音。每一次会议都会在密室中举行，尽管音质效果不理想，但是，我们仍能把握住一些有价值的信息。比如说，会议的大概内容和主题，以及"高音喇叭"大使的观点。这些信息都具有情报价值。

尽管暂时还不清楚使馆内各房间的用途，但我们还是决定，继续向其余房间展开渗透。这就需要利用到公寓楼二层的一套住所。我们安排了一位由我们所资助的"互惠生"，到房主家做装修。之后，我们利用房主周末外出度假的机会，潜入他家，把毗邻使馆的三个房间都安上了窃听设备。后来我们发现，这其中有一间就是大使的卧室，其余的两间则是办公室。这次的使馆窃听行动可谓收获颇丰！

◉ 使馆窃听行动的总结

到目前为止，我们一共能监听到使馆内部的八个房间。分别是：一层的小会客厅和大会客厅、行政办公室、员工办公室、顶层的秘密会议室、大使的卧室以及中间楼层的另两间员工办公室。

使馆窃听行动可谓是硕果累累。根据我们所提供的情报和信息，情报站能撰写出上千份的报告文件。除了情报站和总部的工作人员之外，在这次行动中，还雇用了两个全天候的监听员、六名本国的抄录员兼翻译及助手。

在监听岗中监听和录制到的每一句话，都要翻译成英语并抄写出来。情报站会审查这些抄录的初稿。接着，再由情报官员从中提取出战役信息，继而由报告干事从中提取出情报信息。之后，重要的情报信息会整理成一份情报报告，上呈给特定的政府高层查看（包括白宫官员和国家安全部门的官员）。对于这份报告的知情权，会严格地遵循"按需知情"的原则。而重要的战役信息则被送回中情局总部，总部会对这些信息进行进一步的提取。根据精炼出来的战役情报，再决定是要采取相应的行动，还是暂时按兵不动（即，将信息归类到目标官员的可操作文件之中）。

总而言之，通过窃听行动所获得的信息还须经过一系列的加工，这就需要内外资源的配合。一旦窃听装置安装成功，它就会持续运转。无论你是想要操作窃听行动，或是怀疑自己已经成为了监听对象，都不能忽略这一点。

◉ 反窃听措施

在本章的开头，我曾提醒过读者，除非是持有法院指令的执法机构来实施这类行动，否则，任何形式的窃听活动都是非法的。不过，有钱能使鬼推磨。在金钱的驱使下，许多私人调查机构为了满足商业竞争者和外国政府的利益，不惜铤而走险。苦于证据不足的律师为了赢回官司，会采取类似的手段以获取到对方的"污点"；心存怨恨的夫妻为了在离婚官司中稳操胜券，而去窃听对方的隐私；某些政党在选举中利用这种手段，制造出对手的负面新闻；在面对索赔案件时，保险公司也会采用窃听的手段以使自己掌握有力证据。

在美国，贩卖和安装监听设备已悄然成为一大产业，每年的交易额竟高达数十亿美元。唯利是图的人会不惜一切代价地达到自己的目的——哪怕这会越过法律的界限。任何有权有钱或掌握了机密信息的个人或单位，都有可能成为被窃听的对象。

◉ "窃听门"

假如你恰巧属于以上提到的那类群体，那么你又该如何才能知道自己是否已成为了被窃听的对象呢？有哪些迹象能够表明，你已经成为非法监听的目标了呢？

如果你是个生意人，那么你应该要时刻警惕：你的竞争对手对贵公司的了解程度（计划、产品信息以及其他商业机密），是否已经超出了他们应该知道的范围；贵公司的知识产权类信息是不是已经被泄露给了媒体和股票分析家？首先，你要弄清楚，这是不是出于巧合，或者仅是偶然事件。但是，这并不能排除你遭遇窃听的可能。

如果你是个细心的观察者，你就会发现，身边早已出现了种种可疑的迹象。你的电话线中会传来莫名其妙的声音，像是静电干扰声，还有噼啪作响声以及嗞嗞声；有时，即使电话不在使用状态时，你也能听到电话里面传来的奇怪声音。或者当电话铃响，你拿起听筒，却无人应答。你的AM/FM广播和电视会出现信号干扰的问题，或者你会发现有设备渗透的痕迹，墙上或天花板上可能留有水渍，还有不远处的墙脚下会有石灰水泥的尘土。可能会有电视修理工、网络修理工之类的人不请自来，声称到你们家来检修。或许你还会发现，在你家或办公室对面的街道上，最近一直停着一辆可疑的货车或快递卡车。如果发现了以上的任何一个可疑迹象，你又会怎么处理呢？是抱怨自己太多心？还是报警或给公司打电话求助？我给你的忠告是，以上的措施都不可行。

◉ 该怎么办

如果你认为你正被人监听，首先，你要保持镇静，冷静思考。是不是你太过敏感？如果你的通话，还有办公室、家里、车内或董事办公室内的会谈被监听，会给某人带来巨大的收益吗？如果你的答案是肯定的，那么，你需要采取行动来证实自己的怀疑——你需要找出窃听设备，或是揪出幕后的操纵者。后者通常不是什么难题，可是又该如何才能找到隐藏在暗处的窃听设备呢？如果这起行动是由某个专业性极强的组织（比如联邦调查局或中情局）在操纵，那你未必能找到什么证据；如果是有人雇佣了当地的私家侦探事务所，那么，反监视技术侦察公司（TSCM）的专业技术人员很有可能会帮你找出窃听装置，并且成功将其移除。窃听装置的类型和性能直接决定了其是否能被发现和拆除。

如果你发现自己有被监听的迹象，并且确信你的竞争对手会从中捞到好处，那么，你首先要做的，就是远离那些极有可能被窃听的场所，比如：家里、公司或私家车内。同时要注意，也不要使用与你本人或公司有联系的电话与外界联系。你可以选择付费电话或者朋友家的座机。切忌在电话中向任何人透露你的怀疑！这样很容易打草惊蛇！如果对方得知，你已经对窃听起了疑心，那对方会立刻采取相应的措施，以躲过全面的排查。他们有可能会暂时关闭设备，等到技术人员离开后，再重新启动设备——或者干脆将其移除。你要做的下一步是，用外部的电话向有实力的反监视技术侦察公司（TSCM——Technical Surveillance Countermeasures）的技术人员致电求助，并约好时间当面讨论你的问题。

但是，你也要小心那些江湖骗子。TSCM业内不乏这类招摇撞骗之辈。这一类人，在行话里被称作"求雨巫者"。他们通常都会使这么一套把戏：用一种连接着黑盒子的扫描仪器在你指定的地点故弄玄虚地挥来舞去，然后再狠狠地宰你一笔。更有甚者，会在扫描过程中趁机安上新的窃听装置，从而令你对自己的处境感到忧心忡忡，这样，他们就有下一单生意可以做了。TSCM业内也有一些没什么实力的公司滥竽充数，他们的技术人员未经过合格的培训，也没有反监视技术侦查中所需的正规的电子检测设备——因为这些设备都价格不菲。

如果你想了解更多关于反监视技术侦察中的清扫程序，或者业内专家的名单，那么请浏览格兰尼特·爱兰德集团的网站。据格兰尼特·爱兰德集团的工作人员詹姆士·阿特肯森估计，在美国的非政府领域内，合法注册过的且有一定能力的TSCM反间谍专家大概只有十二位左右。也许他的估计太过保守，但是，这却能说明这一行业的真实情况。要培养出一位合格的TSCM技术人员，需要数年的经验和训练，而最好的培训场所，当然要数美国政府的反间谍机构。在选择TSCM专家来为你服务时，要想判断出他的真实能力，你只需问他一个这样的问题：在进入非政府领域工作前，他/她在什么部门就职过？如果这名专家并没有在中情局、联邦调查局、美国国家安全局或国防情报局有过十年以上的工作经验，那我是不会把探测的重任交付给他的。另外，你需要准备2000至5000美金来支付TSCM技术人员的酬劳——这只不过是服务一次的价格而已。这是个高收费的行业。

◉ 窃听设备的类别

窃听设备可以被安放在任意一个指定的位置。唯一的局限就是，窃听设备的身材大小会影响到设备的实际安装。设备的掩护体至少要能容纳下传声筒，而且，在没有电力供应的情况下，还必须能装下足够多的电池组。尽管电池技术已取得了巨大的进步，但是，当今的科技还是无法解决电池尺寸的问题。窃听设备在使用了一段时间之后，该如何延长电池的使用寿命，也是一个具有挑战性的问题。在大多数的情况下，除了传声器和电池外，还需要配制一个传感器。除此之外，我们要想在一定的距离外能随意开启和关闭设备，则必须用到一个开关。在马丁尼酒杯里放入用青橄榄作为伪装的窃听器纯属虚构（《北非谍影》中的电影情节）。总的来说，安放窃听器的掩护体不仅要有足够的空间能容纳下电池、传声器、传感器，还要留有空间装入开关。另外需要细心考虑该如何将窃听器安放进窃听场所。在之前的"木马计"中，我们详细地讨论过这个问题。如果哪天，竞争对手送给你一套精美的文具用品，那可要当心了，这根本是黄鼠狼给鸡拜年——不安好心！这其中很有可能藏有窃听设备，它会把你办公室内的一切秘密谈话，传输到附近的监听岗内（当然，这个监听岗肯定是由你的竞争对手所设立的）。TSCM技术人员会检测所有类似的礼物，并对你的房间内那些最容易隐藏窃听器的位置做全面的检查。

在技术人员排查窃听设备时，他们通常会用X光扫描那些可疑的物体。他们会仔细观察墙面上有没有小孔，甚至还会挪开护壁板进行检查，就连插座附近也是重点检查的区域。房间内的一切灯具、钟表以及电器设备，都是被怀疑对象。之前我们也讨论过，插座是很利于安装窃听设备的，因为窃听装置可以凭借插座板里的电力来运转。就算是隐藏着的监听设备，也会发出射频。TSCM技术人员会用IPM检测仪来搜索房间内一切可疑的频率。这类精密的扫描仪能识别出窃听器所发出的特殊射频，就连隐蔽着的窃听器和用正常频率伪装过的窃听器也逃不过IPM检测仪的法眼。在检测电线和电话线时，技术人员还会使用一些更特殊的装备。

◉ 搭线窃听

搭线窃听也是窃听者的惯用手段。警察局在办案时，也偏好使用电话搭线窃听这种方法。原因很简单，因为这种方式最易于操作，完全不需要专业的设备，也无需挖空心思潜入目标房间。只要利用电话接线或其他导线（如有线电视、视频或报警系统等）搭线，就能达到窃听的目的。在电话搭线窃听中，最常见的手段是，在电话局到目标所在位置之间安插窃听设备，同时，会有另一组电线连接在电话线内，用来将信号传送回监听岗。如果是在电话局内的线路上安装了窃听器，那么，就算是TSCM技术人员也无法查出证据。如果窃听器是在分线盒或电话局与目标之间的位置，那TSCM技术人员还有可能检测出窃听器的存在。而传感器通常会被安装在电线搭接处，用来把数据传输到附近的监听岗。一方面来看，传感器在行动中的角色是至关重要，它使窃听者能远距离监听到目标的所有谈话；而另一方面，一名合格的TSCM技术人员很轻易就能探测到传感器所发出的射频。所以说，采用实时监听的办法，或者在电线搭接处（通常在分线盒内）装上录音设备才是更为安全的方式。总而言之，家中的电话线是最有可能遭到窃听的。一名业余的私家侦探就能胜任"搭线窃听"的工作。窃听者只要在众多接线盒中，找到连接着窃听目标的那一个（接线盒通常是不锁的），选准正确的位置，再把传感器或录音设备用线接入就可以了。对于经验丰富的私家侦探来说，只需几秒钟就能完成一次搭线窃听安装。

◉ 对电话使用者的忠告

当我在中情局驻香港情报站工作时，有一天，一位高级情报官员突然对我宣布，当他完成这次任务后，就会退出中情局。听到他的这个决定后，我曾试图说服他继续留下，因为我一直都很欣赏他的为人，他是一名优秀的间谍管理员和情报官员。但是，我的劝说却没起什么作用，他仍然坚持他的决定。他回答我说，"你知道吗？弗雷德，对于任何一个情报官员来说，终有一天他会厌倦这样的生活方式。每次对外联系时，总是得离开开着冷气的办公室，耐着骄阳走到市中心的付费电话亭去打电话——尽管办公桌上的电话就近在眼前。"他的回答让我无言以对。其实，身处中情局，我们都深有同感。

电话是一项伟大的发明，也是现代人不可或缺的联络工具。对于商人来说，电话必不可少。这就使电话成了埋伏在我们身边的"泄密者"。如果你不想让你的敌人或竞争对手掌握你的计划，那就不要在电话中讨论相关的内容。同时，在使用传真和电子邮箱时，也要格外警惕！这些的常识大家可能都懂，但是，仍旧有一点，很容易被众人忽略，那就是：电话搭线窃听不仅能窃听到电话中的谈话内容，更为严重的是，即使你的电话不处于使用状态，只要在离电话20英尺的范围内，所有的谈话内容也都会传输到窃听者的耳中。我再重复一遍：无论你是否在使用电话，房间内的一切谈话内容，都会被窃听者监听并录音。电话中内置的传声筒，以及持续的电力供应，使得窃听阴谋更容易得逞。调制解调器、对讲机、无绳电话以及手机所发出的射频，都能被窃听者手中的无线电接收器所截获。

在某些情况下，甚至都无需改装电话，就能使其变为一个监听设备；而有时，只需加装一个简单的电容器，就能使窃听者掌握到电话中的谈话内容，并且还能监听到房间内的任何动静。射频传感器能使信号传播到远方，只要它依附于电话线传感器上，就能得到电力供应，电话旁的空调线或者一小块电池就能满足传感器的用电需求。

TCSM技术人员会告诉你该怎么加强电话的安全性，并能准确地检测出是否有人在你家的电话或电话线中装入了窃听设备。他会利用一种精密的测试仪器，全面检测你身边所有的电话座机。这个仪器会显示出电话机和相关线路的电子性能是否曾被人修改过。对付搭线窃听，一个简单而有效的措施就是，用完电话后，立马切断电源。中情局驻海外的情报官员（他们是最有可能遭到窃听的人）所采用的也是这个方法。打电话的时候，一定要谨慎言语。这点你需要时刻铭记在心。

6

电脑数据库和互联网

过去的二十年中，互联网和电脑的普及，使得人们步入了一个信息自由的时代。以前，不论是收费数据库或是免费数据库，对公众的开放都非常有限。即便存在少数面对公众开放的数据库，其复杂程度和操作难度，也足以使人们望而却步，更不用说浏览资料所需的高额费用了。由于没有集中的数据库可供访问，所以，当时的私家侦探或调查分析人员只好通过图书馆或法院大楼查找他们所需的信息。在调查过程中，他们只能把大量的时间花在搜索茫茫的文件和记录中。

即便是某些长期对外开放的资源——比如馆藏丰富的美国国会图书馆（任何一本在美国出版过的书，都能在国会图书馆找到。其中也包括了大量有价值的文件和出版物），调查员也必须亲自前往，才能查阅到相关信息。到达图书馆后，调查员先要确定所需的书籍和文件的位置，之后，再等图书管理员进行检索。把书拿到手后，他们还要逐页翻查所需的信息。去图书馆或法院查找一次资料，往往会花费调查员一整天的时间。

在过去的十年中，这一切发生了翻天覆地的变化。如今，在设备齐全的前提下，调查员只需连接到互联网，就能下载到各个领域的海量信息。

个人电脑的诞生，互联网上不断扩充的信息，以及需注册的信息数据库，这三者结合，彻底地改变了我们以往的调查方式，也使得信息搜集和调查行业发生了根本性的变化。

如今，在某些案例中，网络侦探似乎代替了荷枪实弹的刑警。而不具备电脑操作技能和数据库搜索实力的私家侦探，也将被新时代的侦探所淘汰。

◉ 万能空中数据库

我们在享受着信息化时代所带来的丰富资源时，同时也面临着一大难题，那就是：如何驯服"信息猛兽"。随着信息量的与日俱增，高含金量的资讯往往被淹没在了浩瀚的信息海洋里。该如何从成千上万的数据库和网络资源中筛选出所需要的信息，这是一项十分有挑战性的工作。

当今的人类似乎受到了信息的冲击，他们在虚拟的信息空间里迷失了方向。到底网络数据库能带来哪些真正有价值的信息？哪些又是无法从电脑中搜索到的呢？

近些年来，好莱坞电影中所大肆宣传的某些虚构场景，给人们带来了错误的幻想。他们似乎相信，在网络空间里，真的存在"万能空中数据库"这种东西。在这个浩大的知识库中，只要将你要查找的信息输入，答案立刻就会显现在电脑屏幕上。人们也错误地认为，既然互联网是免费开放的，那么他们应该就能在网络中快速地获取资料，而无需任何费用。

这样的认知绝对是错误的！那个幻想中的浩大知识宝库压根就不存在。天下没有免费的午餐。只要是有价值的重要信息，基本就不会是免费的。

举个例子来说，我猜你一定收到过这样的垃圾邮件：在信中，对方宣称，有一个万有资源数据库，能让你无忧地查遍所有的资料——这是典型的网络诈骗。而受害者总是那些愚昧无知的人。事实是——这个世界上根本就没有能涵盖万事万物的信息数据库。假设它真的存在，那么，一个月仅需支付29.9美元就能享用，这样的谎话你也敢相信吗？

因特网是个公众信息库，大多信息都是由公司或个人所操纵的，他们发布信息的目的是宣传自家公司。如此一来，信息很容易被夸大或扭曲。因为，没有人必须要对信息的真实与否负责。人们在向外界介绍自己时，总是爱往脸上"贴金"，我们对这些无伤大雅的小谎言已经习以为常。

今天，你可以用比尔·盖茨的名字来注册邮箱，你也可以建立一个公司网站，号称这是一个拥有数千名员工的大型企业，而且在全球超过20多个国家都设有办事处，年收入高达十亿多美元。所以，一家拥有精美网页的公司，并不一定就是可靠的或者合法的。俗话说得好，金玉其外，败絮其中。

◉ 网络和数据库的搜索

尽管数据库不能成为所有调查者的"终极武器"，但是，只要一敲键盘，调查者就能得到海量的在线信息资源。美国调查型数据库的顶级研究人员之一，来自CTC国际集团（本书作者所创立的一家商业情报公司——译者注）的特雷·鲁斯特曼，会在这节告诉你该如何进行搜索。

数据库分为两类：收费型和免费型。绝大多数的信息提供者都意识到了信息的价值，如果能够从中获利，他们是绝不可能免费提供的。所以，当你开始搜索资料时，免费数据库应是首选，其次才是是收费数据库。因为，在收费数据库中搜索的时间越长，收费也就越高。

第一步，应该连接上互联网，搜集免费的信息。比如，你要搜索的目标为某个人物时，以下的网站能给你提供帮助：http://www.anywho.com, http://www.411locate.com, http://www.555-1212.com，http://www.whowhere.com。从这些网站中，你能找到目标对象的电话和地址。如果你想获得更多有关美国政府网络的相关信息，比如政府网站和非保密的政府报告，那你可以直接登录http://www.fedworld.gov。这个网站涵括了诸多资料，从最高法院的判决到1万项美国政府条文的详解，以及有关联邦政府的岗位通告等一系列的信息。甚至还包括了美国海关服务的信息，以及1.7万个与贸易相关的文件。对于想要走向国际的公司而言，这些信息有很大的帮助。在这个网站的"国家技术信息服务"一栏中，有一个技术报告数据库，你可以浏览在过去十年中，美国政府曾发表过的37万份政府工作报告。其中的大部分信息和报告都允许下载到个人电脑中，但这要额外收取费用。正如我们在上一节中所提到的，几乎不会有人愿意免费提供有价值的信息，美国政府也不例外。

如今，供公众查询的记录已经越来越多面化。比如说，很多国家都建立了国家部门的网站，登录网站后，企业的注册信息便一览无余。美国证券交易委员会的网站就是个不错的选择。在那里，你能免费查看公司的档案。而在收费型数据库中，你则需要支付高额的费用，才有浏览该类企业信息的权利。

有些报纸仍会提供免费的档案查询信息，但是，绝大多数仍属于有偿服务。当然，你也可以通过一些网站来了解公司的架构和性质，网站会给你提供公司主要负责人的名字和个人信息。

任何一个有基本电脑知识的人都能建立一个网站，也没有哪个监管机关要求其对信息的真实性负责。这点你必须要牢牢记住。这样，你才不会迷信那些网站上所提供的信息。所有的研究计划都可以从网络搜索起步。它至少能告诉你，下一步需要搜索什么细节。

如果这个网站上所提供的公司地址恰巧离你不远，那么，当你路过这家公司的时候，就可以进行一次简单的实地考察。仅从外表，应该就能初步地判断出这家公司的实力。还可以查证一下公司的邮箱编号，并认真核实该公司是否合法。一旦确定了公司的名字和地址，接下来，就可以搜索它的企业注册信息，以及以往的诉讼记录等资料。

◉ 信息中介

某些在线的数据库扮演着信息中介的角色。他们把从发证机关处（如：机动车管理局、信用申报机构等处）所购买的信息，有偿地提供给信息需求者。包括你的社保号码、出生年月、曾经及当前所用的地址、所属单位、邻居及亲戚的名字，以及其他的公共记录，包括有关破产、留置权及民事判决的信息、结婚及离婚记录、财产记录以及你所获得的专业执照的信息。以上这些信息，调查者都可以从这些数据库中轻而易举地获得。

几乎所有的数据库都是收费型的，像技科数据库（Database Technologies）、选择点数据库(ChoicePoint)、罗速数据库(Loc8fast)，这几家数据库的收费都非常昂贵。除了以上这些知名的数据库以外，一些小型的数据公司也如雨后春笋般地发展了起来。激烈的竞争也拉低了一直居高不下的信息费用。

在这里，我不得不做一下补充说明，由于这类数据库都含有一些涉及个人隐私的信息，所以，人们对其存在的合理性也一直争论不休。持续不断的争论，使得这些数据库网站不得不做出让步，因此，大部分的数据库都是不对大众开放的，其使用权仅限于合法的私家侦探、法律事务所及其他政府限定人员。在后面的部分中，我会进一步地展开这个问题。

◉ 个人信息数据库

对于个人信息是否该对大众开放这一问题，人们的意见尚未统一。但是，人们也一致认为，在调查个人或公司的背景资料时，或是对公司做尽职调查时，这类个人信息数据库是极其重要的参考工具。根据数据库中所搜索出的目标个人信息，公司或个人可以得知他们的真实面目，从而避免上当受骗。了解将要与你打交道的人的道德品行，这直接关乎你的成败与否。

幸运的是，现在已经出现了越来越多的网络在线数据库，你可以从中了解将要同你步入某种关系的人的背景资料。

比如，美国医学协会(AMA)已经建立了一个可以查看医生资格证的数据库。佛罗里达州更是超前一步，最近，它们建立了一个网站，通过网站中的执照一栏，访问者不仅可以查到医生的学历背景，还可以浏览医生的投诉记录。可想而知，当这样的网站首次推出时，抗议声最大的正是那些拥有多项投诉记录的医生。而那些零投诉的医生则根本不会介意。当其他州也依葫芦画瓢地推出这样的网站时，也遭受到了同样的阻力。

马丁代尔·哈勃（Martindale Hubble）网站的目录中，收录了律师的基本背景资料，如果你打开美国证券商协会（NASD）的数据库，就能浏览到你的股票经纪人以往的记录。

值得一提的是，并不是所有的医生都是美国医学协会的会员（AMA）；而律师则需要缴纳会费后，才能成为马丁代尔·哈勃网站的注册会员；美国证券商协会（NASD）的数据库，也仅仅保留了近两年以来活跃在证券领域的经纪人的记录。以上的数据库，都是存有一定漏洞的。在其中，也许查不到有关目标对象的任何信息（但这并不代表他/她就一定是骗子）。但是，如果你想查找有关专业人士的基本信息，这些数据库将会是很好的出发点。

如果你想了解某人或某家公司是否有民事或刑事诉讼记录，你也可以通过数据库来了解诉讼信息。语汇（Lexis）、万律（Westlaw）、法链（Courtlink）、领步人（Pacer）是几家世界著名的此类数据库。以上的数据库会帮你查出目标个人或公司是否有"前科"，是否被逮捕或被判罪，这些数据库通常也提供法律案件的实质和法院审理结果。

如果没有这类数据库的存在，那么，调查者就必须得先确定一下案件的审理地点，然后再亲自去往法院，逐页翻找公共记录。而如今，只需拥有电脑，就能查到相关的传票信息。

不过，网络数据库依然有它的弊端。这类数据库的注册费用通常是极其昂贵的，而且操作又十分复杂。这必然不利于普通群众去查询。但是，这却难不倒那些私人侦探，或者律师事务所的工作人员。

网络数据库的另一个弊端就是，这类数据库通常并不全面。不是每个州、每个镇的庭审记录都被收录其中，所以，在数据库中查找资料时，有可能会漏过某些信息。除此之外，数据库并不能提供案件的详情。大部分情况下，你仅能了解到，目标对象在何年何月何日卷入了何种法律纠纷，以及案件最终的判决结果。而案件的细节信息，一般都不会出现在数据库中。但是，你可以根据搜索到的案件号码，到当地法院了解详情。

◉ 媒体资源

诸如奈克斯（Nexis）、道琼斯（Dow Jones）和对谈（Dialog）这类的媒体数据库，也是调查人员的宝贵工具。以上所说的，都是知名的新闻全文数据库，我不得不再强调一遍，其费用是十分昂贵的。当然，每天都会涌现一大批作为替补的网络资源，比如：http://www.elibrary.com。尽管其信息量比不上那些国际知名的收费型数据库，但其收费仅是以上那些大型数据库的一个零头。所以，在一开始进行媒体搜索时，这种高性价比的网站才是首选。

在搜集商业情报时，如果想要找到有关某主题的信息，那么，媒体搜索显然是最可靠、最高效的途径之一。只需敲动键盘，信息就会映入你眼帘，而且，这类信息通常都相当地可靠。在出版印刷之前，记者会从头到尾地核查故事的真实性，尤其是知名媒体（如：《新闻周刊》、《纽约时报》和《华盛顿邮报》）的记者，会更加尽职地完成这一审核工作。

在进行媒体搜索时，你会遇到的主要问题是，面对众多搜索结果时，你该如何下手。这时，你只需要掌握一个小窍门：缩小搜索范围。不要将很宽泛的主题作为搜索关键词。如果在首次的搜索结果中没有找到满意的条目，那么，你还可以放宽对关键词的限制。

举例来说，如果你想找到巴西通讯行业的竞争情报，那你也许会从"巴西"和"通讯业"这两个关键词开始搜索。如果你搜索的是这两个关键词，你就会发现，一共能搜索到2万多条记录——这令你根本无从下手。所以，你需要尽量地缩小搜索范围。比如说，你可以限定时间范围。如果你所关注的是当前信息，而不是历史信息，那么，除了"通讯业"和"巴西"这两个关键词以外，你还可以明确地加上年份作为关键词（比如"2002年"）。接下来，你所感兴趣的也许会是别国的公司在与巴西政府打交道时所遇到过的一些问题。那么，你还可以加上"诉讼"、"官司"或"巴西政府"这样的关键词。若此时你还是无法从中理出头绪，那你还可以添加一些排除条件，比如："非美国电话电报公司"。直到你能够应付搜索出来的条目数量为止。分析人员会利用从媒体搜索中所获取的实质性信息来得出最终情报。

在进行媒体搜索时，我还要提醒一下读者，并不是你在报纸上所读到的信息就都是真实可靠的。几年前，《福布斯》杂志就曾误把一位骗子当做了商业奇才，还邀请他做了杂志的封面人物。之后，这人被爆料有长期的犯罪记录，曾被指控诈骗、贪污、做假证。《福布斯》杂志不得不回收了这期刊物，并声明其自身也是受害者。假如，恰巧正有一名调查员在对这个人物做背景调查，他又恰好看到了福布斯杂志上的这篇报道，并将之作为参考，写入了报告之中。那么，很遗憾，他所提供给客户的，将会是不符合事实的失真情报。"福布斯事件"给了我们一个警示——千万不可轻信媒体或其他地方的任何信息。

◉ 失真的信息

无论信息是来自五花八门的数据库，亦或是来自网络搜索，其中绝大部分的信息都是不准确的。在数据库中所搜索到的信息并不一定就是准确无误的。这又回到了"信息与情报的区别"这个问题上来。在通常情况下，人们很难从琐碎的信息中得出一个全面的结论。有些人总是会以偏概全地看问题，并凭此做出草率的决定，这些人绝对不是一位有智慧的决策者。

举例来说，当发现目标人物有两个社保号码的时候，那些毫无经验的调查员往往就会怀疑，这其中必然存在着欺诈行为。他们会轻率地得出这样的结论——如果有人正在使用两个社保号码，那么，他一定是在企图用一个新的身份来隐藏那些不可告人的往事。这足以说明他有明确的犯罪意图。这样的结论是不是听起来很合情合理？

但是，真实情况却未必如此。虽然在现实中，的确有不少不法分子都试图通过新的社保号码来实施诈骗，但是不能一竿子打死一船人。调查者应该考虑到各种可能性。如果这个人是已婚人士，那么，夫妻双方的社保号码就会同时出现在记录中，又或许，他正在使用的是他孩子的社保号码（需要核实他是否为该孩童的合法监护人）。最大的可能性就是工作人员的录入错误。假如，在机动车管理局里，负责注册信息录入工作的是一名留有长指甲的女士，那么，在录入过程中，她很可能会不小心敲错键盘。

如果是这样，就会导致第二个社保号码与原始信息有一字之差。当然，也有一些图谋不轨的家伙会私自涂改社保号码中的一至两位数。这种私自改动的痕迹是很容易辨别的。但是，如果发现数字"4"被误输入为"9"，或者，按照小键盘上的数字区的顺序，所有的正确数字都刚好与显示数字有一行之差(例如："4"变成"1"，"5"变成"2"，"6"变成"3"等)，这时，就要想想那个"长指甲女人"的可能性了。

无论是在电脑数据库中搜寻某人的资料，或是对其展开其他形式的调查，都不可忽视那些显而易见的因素。这就好比，当你驾车驰骋在高速公路上时，车突然熄火了，那你首先该检查的就是油箱。如果油箱里还有汽油，那你才该进一步地考虑，是否是发动机存在问题。

◉ 交叉检查与复查核对

数据库的信息可真可假，可偏可全，也有可能包含一些极有价值的信息。最令调查者困惑的问题是：明明已经在数据库中找到了有关目标对象的部分信息，而且也有线索表明，还应有进一步的补充信息，但库中就是没有最关键的那些信息。

在不久前的一次案例中，我们就遇到了这样的困惑。当时，我们正在调查一位客户的投资者。我们的客户需要确保这名投资人的合法性，同时也要确保他有这个能力来完成他所谓的项目。该投资者要求，必须支付一笔预付款，才能获得所谓的金融投资，这引起了这位客户的警惕（在后面的"企业和金融诈骗"一章中，我们会详细讨论这类预付费诈骗案）。

在初期的调查中，有资料表明，该目标对象并不如他自己所宣称的那么有实力，但是，我们却无法掌握具体的线索。目前可以得出的最主要结论就是，该目标对象并不能成为这个项目的有力投资者。除此之外，我们只能祈祷，希望没有错过其他的重要信息。

有一次，我们与该投资人的前任助手进行了对谈。从谈话中我们得知，在美国的康涅狄格州，该目标对象曾因预付费诈骗案而被判了重罪。这对我们来说是一个重磅消息，我们十分担心他这次会故技重施。可奇怪的是，在数据库中，我们并未发现他在美国康涅狄格州或其他州的任何犯罪记录。

现在的关键问题就是，尽快找到案件的审理资料，并详细了解案件实情。于是，我们只好前往康涅狄格州挨镇寻找，但却没有任何线索。我们甚至还去了邻近的州打探查询，却仍是无果而归。这时，我们开始反思，消息来源也许不准确，他可能从没有被判刑的经历，又或许是数据库出了什么问题。

失望之余，我们只好向一名FBI官员求助，这名官员专门负责追捕这些预付费诈骗犯。我们把有关目标对象的信息全都转交给了这名FBI官员，并向他述说了犯罪记录搜寻未果的蹊跷之事。我们希望，他能够帮我们解开心中的疑惑。

首先，这名FBI官员到了国家犯罪记录信息中心（NCIC）的数据库中去寻找证据。只要是在美国境内所报道过的逮捕记录和判刑记录，这所数据库都有存档。但是，这所数据库仅对执法机关的工作人员开放，私家侦探和其他的非政府人员根本无权访问。

由于涉及个人隐私权，所以，在他看完电脑上的案件记录之后，并未向我们透露详情，只是建议我们再去一趟康涅狄格州。于是，我们再次满怀希望地奔赴康涅狄格州，却又再次怅然若失地空手而归。无奈之下，我们只好再次向这名FBI求助。这一次，他把案件发生的具体区域（在康涅狄格州内的某一处）透露给了我们。我们又一次前往目的地去查询真相，可是，这次的结果与之前几次并无差异。出于职业道德，这名FBI官员依然不肯揭开谜底，只能遗憾地表示爱莫能助。他建议我们另派一人前往当地的法院再做调查。根据他在数据库中所读到的资料，这宗案件肯定就是在这家法院审理并被记录的。然而，不可思议的是，就连法院的庭审调查员也未能在法院中查出案件实情。

万般无奈之下，我们只好恳求FBI官员告诉我们事情的真相。为什么在数据库中会找不到判罪记录，就连当地法院也都对这个案件只字不提？会不会是由于电脑的故障，所以数据未能成功录入系统呢？亦或是因操作失误而导致资料被删除？为什么就连在法院也无法找到任何的蛛丝马迹呢？

似乎连最后的一丝希望也快要破灭了。然而，就在此时，我们的FBI朋友再次进入国家犯罪记录信息中心（NCIC）的数据库，经过深入调查之后发现，这个案件是被人为删除的（这不仅是出于保密需要）。因为，在被告认罪辩诉协议中有这么一条：被告人要求删除有关此项案件的所有记录。换句话说，被告方的律师提出，要求从法院的庭审记录中删除有关此案件的全部信息，以此作为被告认罪的交换条件。

这个案件就这么消失在了公众的视野里，就连国家犯罪记录信息中心也仅保留了这么一条注释。这实在是太难以置信了！

这也就难怪这名诈骗犯敢于如此明目张胆地故技重施了。他肯定以为，那些私人调查公司在对他进行例行背景调查时，是不可能翻出他以往的罪行记录的，所以他才会如此嚣张。

既然无公众记录可查，那么，那些有逮捕史甚至是拘禁史的人，就可以再次用同样的手段来行骗了。

后来我们才得知，在美国的某些州，只要被告在认罪辩诉协议中作出声明，那么他就有权要求法院对案件进行保密处理，或是干脆删除审理记录。很不巧，康涅狄格州就是其中之一。在上面的这起特殊案例中，单单依靠数据库所进行的常规性犯罪记录检查是不可能揭露出骗子的真实面目的。这时，就需要有可靠的资源进行协助——就如这位为了维护正义而愿意"违规"透露信息的FBI官员。

为了确保信息的准确性，任何公开的信息都要经过核实确认。除了以上的这则案例外，我们还接手过其他的相关案例。使你在常规的公共记录搜索中无法找到真实信息的原因多种多样，其中包括了录入错误或者犯罪者的名字拼写错误。所以，一定要全面核实并复查核对，而且，绝对不能武断地判定数据库中信息的真伪。

◉ 有关隐私权的问题

前面也已经提到，那些提倡保护隐私权的人认为，国家应当施加压力，以限制或阻止个人信息的公开化。他们认为，相对起知情权（雇主对雇员的知情权；对生意合伙人的知情权；即将步入婚姻的恋人对未来配偶的知情权等），个人隐私权才更为重要。很显然，这是一个两难的道德问题。

当然，每个人都有自己的隐私权。我想也很少有人会认同狗仔队对戴安娜王妃及其他名人的一些做法。的确，应该禁止摄影师利用远距离镜头偷窥卧室，或者采取任何的其他方式入侵别人的家庭居所。很显然，这种行为已经超出了行为准则的界限，也触犯了法律。

凡是涉及保护个人隐私的相关法律，其主要原则就是"隐私权的合理期待"。在这里，人们所争论的问题核心就是"合理"一词。在某些案例中，这个界限很明显；但在另一些案子中，这个界限又比较模糊。比如，雇主有权利在办公室及仓库中装置监控摄像头，以防商品被盗。但他却无权在休息室内这样做。同样的道理，在进行垃圾排查时，私家侦探只能等待目标对象将垃圾扔进街道旁的垃圾箱后，他才可以开始检查。在扔进垃圾箱前，这堆垃圾仍属于目标对象的所有物，私家侦探无权私自检查。在这两个例子中，"隐私权的合理期待"这一原则同样适用。

如果有家公司或者某个人准备对一家新公司投资数百万美元时，投资者是否有权利了解他们的合作伙伴呢？他们是否有权利知道，当事人是否曾有犯罪记录呢？他们是否有权利知道，对方的从商经验及学历的真实性呢？他们是否有权利知道，对方公司的首席财务官是否曾因无能及贪污而多次被解聘呢？

在美国，被定罪的重犯会被剥夺选举权。那么他们是否有权利要求保密或者删除犯罪记录呢？换个角度来说，那些想要了解合作伙伴的人，他们的权利又该如何得到保障呢？

◉ 当电脑帮不了忙时

有时，你可能知道何处才能找到问题的答案，但是却无法获得互联网及电脑数据库中的信息。

最近，就发生了这样一起案例。我们的一位客户（暂且称他为保罗），在一次海外投资骗局中损失了25万美金。当发现自己上当受骗后，他想要知道其他受骗的投资人的名字，这样一来，所有受骗的投资人就能集体上诉，寄望于由此减小损失。

我们告诉保罗，投资者的名单有可能在基金管理人员和负责破产清算的中介手中。保罗的第一反应就是："太好了！现在你们只要侵入他们的电脑，就能把需要的名单弄到手了。"我们向他解释说，黑客之举我们不能做，因为这是犯法的。由于我们所需要的信息在这两家公司（基金和破产清算中介公司）的内部，所以，他们的会计事务所也有可能会对名单知情。这种商业信息是不会出现在数据库中的。我们只好到别处去寻找名单。

幸亏我们的一位线人参加了这家公司的破产清算，于是，最终，我们成功地帮保罗把投资人的名单弄到了手。这次，数据库并没有发挥作用。

● 数据库与手动搜索的结合

近期发生了这样一桩奇怪的遗产争夺案。一个大家族的老人在去世前就为自己的家族成员成立了一个信托基金。他在遗嘱中声明，他的所有财产将会通过这个信托基金平均分配给他的一儿一女，孙辈再依次继承父辈的财产。

多年以后，这位老人的同性恋儿子也去世了。老人的儿子终身未娶，可却有一名男子自称是死者的儿子，并要求获得财产继承权。老人的女儿已经结婚生子，她质疑这名男子的继承权的合法性。她认为，她的同性恋哥哥绝对不可能是这名男子的父亲。因为，按照年龄来推算，在这名男子出生时，她的同性恋哥哥才14岁。她宣称，这名男子根本就不是她哥哥的儿子，而是他的情人，所以，他完全没有资格来继承这笔财产。

可没想到，这"儿子"竟然还拿出了一张出生证明。上面显示，他是死者的亲生儿子。这让所有的家族成员都目瞪口呆。

事实摆在眼前，如果他是老人的合法孙子，那么，他也就有这个权利继承属于其父亲的那部分基金。

面对这张出生证明，家族律师束手无策，只好与我们取得联系，希望我们能解开这个谜团，证明其身份的真伪。

在国会图书馆，一个覆满了灰尘的书架上，我们找出了一本可以作为证据的小册子，其作者是那位所谓的"儿子"的亲叔叔。这本书的发行量极少，仅印了20本。书中记载了他们家族的家史和族谱。此外，这本书还详细介绍了每位家庭成员，这名男子（那个"儿子"）的出生日期及其生身父母的名字也都记录在册（老人的同性恋儿子并未出现在这一族谱中）。

此前我们在互联网搜索这名男子的家族成员时，发现了有这本小册子的存在。网络上的引文并未显示出他们的家族树信息。这就需要我们的调查人员亲自去一趟美国国会图书馆，找出这本书，并复印下其中的重要信息。

如果掌握了电脑搜索及手动搜索的能力，就不难找到可以证明其假身份的证据。

可是，他所提供的出生证明又是怎么一回事呢？既然他不是那个同性恋的亲生儿子，他又是怎么弄到这张出生证明的呢？是他故意伪造的吗？并不完全如此。事实的真相是，多年来，这名男子一直是死者的同性恋人。老人的同性恋儿子希望，在他死后，他的情人能够得到足够的经济保障。可是，那份基金对继承人的资格有着明确的要求，所以，他只好想出这一怪招来确保其情人的利益。于是，他通过法律程序领养了这名男子，并篡改了他的出生证明。

这件案子目前仍在审理中。

◉ 养成数据库搜索的习惯

我们怎样才能理解消化所获的全部信息呢？又该如何在庞大的信息量中去粗取精呢？这就需要有特殊的技巧来搜索和筛选信息。

当你进行数据库搜索时，需要记住两点。第一点是：必须有甄别并精确提炼公共信息的知识和能力。第二点是：如果要搜索的信息并不对外公开，那么，你就必须充分地利用公共信息，并从中获得能够将你引导向目标信息的有利线索。

下面这个案子就能充分证明第一点的重要性。几年之前，有这样一位客户找上了我们。这位客户拥有一家大型的连锁酒店，当时，他有意向与一位加拿大投资者一起合建一座新酒店。在他们开展合作前，我们的客户很明智地想到，要详细核查对方的身份背景。

初步调查结果显示，这名投资人没有什么问题，他并未涉及任何民事或刑事案件。邓白氏公司所提供的报告也显示，该目标对象的公司现有86名员工，年销售毛利为5000万美元。

可是，随着调查的深入，问题渐渐地浮出了水面。我们所查得的信息与之前所掌握的信息有所出入。进一步调查后，我们才发现，他并不叫罗伯特·麦佩尔伍德（Robert Mapelwood）（这里是化名），而是罗伯特·麦珀伍德（Robert Maplewood），他的真实姓名列在了美国诈骗犯和挪用公款罪犯的逃犯名单上。而且，之前那份评估报告（出自大名鼎鼎的邓白氏公司之手）中所提到的那家公司，根本是虚构的。而麦珀伍德所提供的那个公司地址（据称是处于伦敦的黄金地段）经查也不存在。

这个调查结果令客户大为震惊，但也并非毫无预兆。之前，这名投资人就从不在美国境内与这位客户见面，每次都坚持把会谈安排在加拿大境内，这点也让这位客户心生疑虑。事件的结果可想而知，这位客户没有和这个诈骗犯展开任何合作，我们所提供的情报使其避免了一场巨额损失。

这是一个典型的诈骗案。诈骗者通常会改变名字的拼写顺序，以获得一个新的身份。他们所使用的公司名称，通常也与那些合法的大型公司的名称相似。他们常用的伎俩还有：选定一家合法的公司或银行机构，然后向对方暗示，他们与这些知名机构之间有联系。诈骗犯们会通过这种手段达到宣传的目的，他们会这样来介绍公司："本公司的结算业务是通过波士顿证券交易所和第一波士顿银行来完成的。"而且，他们还会在这家银行开设一个账户，一旦收到了你的投资款，他们就会把这笔钱直接转至离岸账户。

所以，就算是表面看来一切都好，你依然需要有一位经验丰富的调查人员，替你对目标对象进行深层调查，谨防麦珀伍德这样的"投资者"。其实，事情的真相往往与表象不符。如果调查者轻信了麦珀伍德，从而断定其并无不良记录，那么，客户的数百万美元就会被人卷走。彻底全面的调查是十分必要的，同时，也须具备敏锐的直觉。

在处理国际案件时，要格外小心那些翻译过来的外文名字，比如来自阿拉伯语、波斯语和汉语的人名。举个例子，就像穆哈穆德·阿里·阿卡巴汗

（Mohammed Ali-Akbar），猜猜看，"穆哈穆德"的英文名字有几种拼法？调查者须注意，穆哈穆德可以是Mohamed，Muhammed，或者Mohahmed（这只不过是其中一部分拼法）。审查不同拼法的相同人名，决定了你是否能抓住关键信息。

核查目标人名时，有一条重要原则：把一个名字的所有拼法都搜查一遍。

还有一点需要谨记：一名出色的数据库调查人员会不断地深入挖掘，并相信自己的直觉，知道何时该继续搜索，何时该停止搜索。那些最优秀老练的调查人员，总是能在数据库中找到主线信息。

7

情报分析的重要性

情报搜集和情报分析是相互依存的，二者不可分离。然而，情报官员与情报分析人员这两个角色之间，却有很大的差异。情报官员，就是按照情报需求，通过多方资源找出特定问题的答案；而情报分析人员，则是在浏览完某特定主题的全部材料后，通过演绎推理寻找出问题的答案。

换句话说，情报官员的任务就是，通过搜集各类精确的信息来完善情报；而情报分析人员的任务则是，运用推理办法来完善情报。举个例子：如果A和B相加的结果，与B和C相加的结果相同，那么可以得出这样的结论：A=C。他们两者之间是合作共生关系，情报搜集与情报分析之间的协调是个动态过程。

如果消息源不够准确，那么情报分析也必然会出错。下面就是一个典型的案例。

◉ 香港回归事件的臆断

上世纪70年代，中情局安排我在香港展开情报活动，工作期限为四年。总部多次要求我，就来港讨论两岸关系的中国政府代表团的情况做出汇报。那时，白宫最常问的问题是：接下来，香港局势会有什么改变？其实，大家都已经意识到，随着东南亚共产主义政权的倒台，中国政府会更加积极地促使香港回归。参议员和国会议员想要知道的是，香港到底什么时候会回归中国？

当时，我们情报站中的中国问题观察员是个自以为是的家伙，再加上我们并没有可靠的中国政府官方资源。当时的我也武断地认为，从历史就能判断出事情的走向。我向情报小组的人员阐述了香港作为英国殖民地的三条条约的历史缘由：一是把香港岛永久割让给英国；二是九龙半岛南端割让英国使用；三是英国租借九龙半岛北部、新界和邻近两百多个离岛，租期为99年。

仅在历史推论以及对中国人的民族性格了解的基础上，我对目前的形势作了一番分析，又对未来的局面做了一些预测，并写了一份报告，提交给国会议员。我自作聪明地向国会议员解释道，尽管香港回归中国已经势在必行，但是，由于中国政府从未承认过以上的三个条约，所以，就算殖民地租期会在1997年7月1日到期，我还是断定，中国政府不可能在7月1日当天收回香港主权。

我认为，中国政府有可能会在租期到期前或过期后让香港回归。但是，如果正好在7月1日那天收回香港的主权，这就违背了中国政府以往对这三个不平等条约的态度。因为，这么做就意味着中国政府承认了那些条约的存在。我相信，中国政府是不可能这样做的。当时，我错误地以为，这不符合中国政府的一贯作风。

后来的一系列事件表明，我的判断大错特错。我这才意识到，中国政府是多么的高深莫测。我的分析从一开始就存在缺陷，因为，我从未将中国领导人对回归事件的真实看法纳入分析范围内。而且，还有一个重要原因就是，当时情报站的情报官员，并不具有灵通与可靠的中国内地的信息源。

◉ 情报分析是必不可少吗？

如果没有情报分析这一环节，情报搜集的结果会如何？离开分析人员的支持，情报官员能否完成任务？答案是：视情况而定。

还记得在情报人员招募的那一章中，我所举的那个例子吗？我们想要知道，在B-52轰炸机袭击过后，河内市市内的灯光是否还亮着。这个情报要求十分明确，情报分析人员就是要确认这个情况，从而判断河内市的电厂是否被击中。事实是，在轰炸过后，河内市市内的灯光依然明亮，这就足以证明，轰炸机未能摧毁目标。在这类特殊的案例中，无需经过情报人员的分析，我们的特工就能回答这一问题。因为这完全不用经过什么复杂的推理过程——如果河内市市内的灯光是亮着的，那么河内市的电力网络必然没有被切断——这是显而易见的。确实，再详细的分析也对这个问题的答案无所助益。在当时的特殊情形下，河内市上空弥漫着浓雾，而总部需要在大雾散去之前就得到确切的消息。每一个当时身处河内市的观察者，都能判断出电力是否在轰炸过程中被切断。

这个事实可以说明，只有在极个别的情况下，情报搜集人员与后方的分析人员才可无需合作，而仅靠其中一方就能获得最终情报。但只有在极少数的情况下，情报资源本身就能提供全面的信息，而无需对信息进行加工处理和层层分析。在情报界，这种理想化的情形发生的概率相当低，我们不能天真地去期待。

如果没有可靠的情报源可供获取实时情报，那么，我们只能凭借过往的信息分析报告来总结出问题的答案。除非我们足够幸运，或者情报要求的范围极其狭窄，否则单单依靠情报行动小组，是不能得出问题的答案的。无论发生什么情况，情报官员与情报分析人员都应齐心协力，共同完成情报任务。

◉ 情报流程

之前，我提醒过读者，并不是所获得的信息就可以称之为情报。情报的产生是一个循环过程，并不存在什么终点。它包含了这么几个步骤：首先，应当由决策者（可以是国家元首或公司CEO）提出情报要求，这个信息应当会有助于他做出某个特殊决定。其次，这个要求要传达给搜情者，搜情者应当通过可利用的资源，获取符合要求的信息。他们会通过多种途径来完成这一要求，如：数据库搜索（包括媒体报告及其他的公开信息源）；利用与目标主题相关的公开资源，与掌握所需信息的人员进行直接接触；撰写观察报告，人力搜情（利用掩护身份、线人等秘密途径，与掌握情报的目标接近），并搜索庭审记录及其他信息源。在这一阶段，所搜集的信息都称之为"原始情报"或者"原始报告"。

当这些原始信息被检测、评估、核对后，才能为决策者撰写出相应的报告，这时的报告才能称为"完成情报"。决策者本人看到报告后，在之前的情报基础上，再提出更深一层的情报要求，以帮助其做出更成熟的决定。就这样，前一个情报过程的终结，就是后一个情报过程的开始，随之而来的是新的情报要求的产生，以及新情报的搜集、分析、撰写报告及评估。

◉ **何为分析？**

在情报行业中，"分析"这个术语是一个延续下来的误称。情报分析不仅仅是针对情报进行分析并筛选已获信息，情报分析还是对现有信息进行全面的整合，并对其加以检验的过程。分析人员在阅读并理解了传达给他／她的原始信息之后，再对这些信息的可利用程度进行认真判断。从而把信息分成最重要、次重要以及辅助信息三大类。分析人员需要通过自己对这一领域的了解，过滤每条琐碎的信息，并与权威资料进行对比。他／她必须有能力判断出哪些信息是真实的，哪些信息是伪造的或错误的。

通过对信息的全盘理解，分析人员才能分析出情报，并且能判断出这份情报分析将会带来什么样的后果。这就是情报分析人员的又一重任。分析过程中会用到的推理方法包括：归纳法、推理法和溯因法，或者将这几种方法结合并用。最后，这些"原始信息"才能成为最终的情报报告，上交给情报需求者（也就是决策者）过目。决策者会根据实际情况，并结合情报分析报告而采取行动。

◉ **情报分析为何如此重要？**

有一些人，包括一些情报官员，会质疑情报分析专家存在的必要性。他们认为，原始资料本身就足以说明问题，只需经过搜情人员（也就是情报官员）的初步分析，决策者就能胜任甄别所获信息的任务。事实并非如此。在整个情报产生过程中，分析人员起到了至关重要的作用。他们从众多零散的信息中提炼出有情报价值的信息（且某些信息并不是从情报官员那里获得的，而是来源于情报分析人员），之后情报分析人员再将所有的重要信息进行梳理整合。

换句话说，原始资料并不能提供全面的信息。决策者们事务繁忙，他们不可能去了解人们在瓦加杜古（非洲布基纳法索首都——译者注）的生活细节，更不可能亲自去翻阅海量的文件，只为了找出AT&T(美国电话电报公司)

97

在古巴或伯利兹所提供的远程通讯服务。

◉ 三大问题

中情局总部的分析专家丽莎·路德曾说过，情报分析人员会带着三个基本问题来看待每次情报分析任务：发生了什么(what)？有什么后果(so what)？为什么(why)？有时，"发生了什么"比"有什么后果"更为重要；而"为什么"则比"发生了什么"更为重要。决策者往往想要知道，"下一步该采取什么行动"，或者"为什么会发生这样的事情"，亦或是"企业防守时，遭遇挫折该怎么办"。而情报分析专家则会将这些问题归入"发生了什么"、"有什么后果"以及"为什么"这三大范畴。

当情报分析人员处理情报问题时，这三大分类时刻提醒着分析人员，严谨的批判性思维有多么重要。除此之外，也让分析人员要把对事件或现象的描述、事件发生的原因、对事件未来的预测这三者分开来思考。分析人员要谨慎地对待自己的分析判断和预测。一些分析人员会把情报分析的过程划分为以下几个步骤：厘清事实、调查、预测、占卜。当分析人员想从"预测"跳到"占卜"时，问题就会接踵而来。

"发生了什么"是对已发生事件的说明，是对事实的陈述。这类的信息与情报要求相关，并且已经过核实。这也是情报分析人员撰写此报告的原因，也是决策者提出情报要求的原因。同时，这也为后两个问题"有什么后果"与"为什么"提供了前提条件。在这部分的情报报告中，分析人员要尽可能清晰明白地展现事实，而且必须客观公正，不带任何个人偏见及主观臆测。

举例来说：

IBM今日宣布，在以后的六年中，公司将会有裁员计划，裁员的具体名额为200名。由于1999年后半年销售额大幅下降，所以，裁员就成了削减预算的牺牲品。据人力资源部的副主管称，尽管她期待臃肿的编程部门也会有所减员，但是，裁员的首要目标还是会对准秘书及行政岗位。这名副主管之后还声明，其中的大部分职位与人员的减少是来自于退休之类的自然缩减方式。

再举一例：

航拍图片显示，在中俄边境，中国正在加派军队，而且中方也正从内陆调援增加兵力。中方已沿边境线调动了60个营的兵力，其中包括步兵、坦克兵及重武器部队。另外，还有增援部队正准备向边境移动。今早的卫星图片表明，在边境线以及前往边境线的途中，中国政府部队正在加紧对武器设备和人员的伪装。

一旦有证据证明了已发事件的真实性（正如之前所说的中国军队的案例，这类证据通常都是从可靠的情报渠道所获得的），那么接下来，就会随之产生后续的情报要求。分析人员会搜集多方面的信息，以此来完善情报任务。在情报搜集完毕之后，分析人员会负责对已获取的情报资源进行整合，再透过现象看本质，回答"有什么后果"这个问题。分析人员需要撰写一份情报分析报告，并在报告中列出影响全局的各方面要素，如此次事件中的事态变化，或者此次事件的重要性和带来的影响。

在上述的IBM裁员事件中，情报人员需找出公司决定裁员计划的真实原因，再通过分析，从而判断出任何可能会发生的结果。比如：这次计划是否意味着公司会进行大幅度裁员？会循序渐进还是会坚决实施？这仅是一起孤立的事件吗？而在中方边境增援的案例中，搜情人员的任务则是，搜集中方领导人对俄方的计划和意图，并引用外界对这次事件的看法，从而判断出：这次的调兵行动是否会上升至两国之间的冲突和对抗？

最后，分析人员必须要回答"为什么"这个问题。IBM为什么要进行裁员？中国为什么要在中俄边境增添兵力？这些问题的答案，必须建立在事实和已获情报的基础之上，并用清晰的逻辑论证来证明答案的合理性。如果没有充分的解释及可信的辨证，则很容易陷入"占卜"的错误境地。

◉ 信息源的鉴别

对于情报分析人员来说，鉴别信息源的真伪是极其重要的。在本章的结尾，我必须要强调这一步骤的重要性。上文已经提及，分析人员的主要任务之一，就是对情报报告中的信息进行鉴别和评估。这些信息包括：媒体资源（报纸上的一切都可信吗？），庭审记录和其他数据库信息（数据录入错误时有发生），以及经人力搜情所获的信息。

我就认识这么一位信息搜索专家，他是俄克拉荷马州州立大学的教授，名叫查普曼，负责教授俄克拉荷马历史学。查普曼教授认为，历史学家可以分为两类：出色的，或是平庸的。我们应当学会，要根据该历史学家的一贯态度，来判断他所记载的历史事件的客观性。也就是说，某些历史学家会心存偏见，这从他所记载或报道的历史事件中，就能看出端倪。

所以，每次他在课堂上提出问题后，总是会对他的学生强调："信息的出处与信息本身一样重要。"回答问题的学生需要在课堂上说明信息的出处，在场的其他学生会一起来评判信息源的精确程度。

这样的思维方式使我深受启发，身为中情局的一名情报官员，我一直提醒自己鉴别信息源真伪的必要性。当我在香港情报站工作时，我被委派负责招募和管理特工。在派遣他们去执行任务之前，我都会进行简单的任务提示。这时，我会对他们重申各自的情报要求，并强调情报源和情报本身同等重要。

举例来说，如果他们带来了一则令人吃惊的消息——某领导人患有肺癌，只有几个月的时间可活了。那么接下来，我会问这样的问题："谁告诉你这个消息的？"

如果这名特工回答："噢，这是我在前往参加鸡尾酒招待会的途中，一名出租车司机告诉我的。"那么，我可能会把这条信息记在特工人员报告中，并标明这条信息只是坊间的传闻。我绝不会将其写入一线情报报告中。

如果这名特工的回答是："在鸡尾酒招待会上，领导人的私人医生告诉了我这条消息。"那么，我的反应就会大不相同。我会立即告别特工，火速赶往情报站，迅速地撰写出一份情报报告，并直接递交到美国总统或其他政府高层的手中。

同一条信息，两个不同渠道，其可信度就大不相同。其区别就在于，信息源是否有接触信息的直接途径。那些知晓国家领导人的健康状况的人，会接触出租车司机的可能性极小，所以，如果这消息出自出租车司机之口，则很有可能只是以讹传讹。然而，领导人的私人医生却能直接接触到国家领导人本人，并知晓他的健康记录。

评估并鉴别信息源的真伪，是情报分析人员的重要职责。在评估人力情报来源时，请谨记：与情报来源越近，消息的准确度就越高。而且，还应考虑其他的重要因素。比如：这名特工以往所提供的信息是否可靠？他以往的任务完成记录如何？他是否拥有良好的记忆力？这名特工是否可信？他最近是否通过了测谎仪的测试？是否成功通过了其他的可信度测试？

查普曼教授的那句"信息的出处与信息本身一样重要"确实耐人寻味。

◉ 情报分析

人们总是会把情报官员想象成风流倜傥、善于交际的詹姆斯·邦德那种类型，而对于情报分析人员的印象，则正好与之相反。这也从一定程度上说明了这二者之间的互补。前者是典型的"好人缘"外向型，而后者则是默默无闻的内向型。情报官员需要具备一定的人际关系技巧，以便招募和管理手下的特工；而情报分析人员则需具备出色的推理能力、书面表达能力、阅读能力、口语解读能力、图形识别能力。并且，还要善于从看似无关联的大量文件和零碎信息中，甄别出有价值的信息，再进行梳理与整合。

在联合军事情报学院进行的一项调查显示，专业的情报分析人员与普通的美国人之间，在性格特点上存在着很大区别。情报分析人员较喜欢与"思想"打交道（而不是人或物）。他们靠着悟性来搜集信息，而不是凭感觉；他们所做的决定建立在理性的基础上，而不是感性；他们想要找到明确的答案，而不会接受模棱两可的答案。

◉ 绝妙的共生关系

情报官员与情报分析人员，二者惺惺相惜。绝不像其他的专业人士之间，总是会存在摩擦。尽管他们的个性与行为似乎处在两个极端，但是，他们都在运用各自独特的技巧，为情报产生过程做出了同样重要的贡献。在开展商业情报活动时，公司离不开其中任何一方的协助。

第 三 部 分

信息保护与反间谍

　　未来学家阿尔文·托夫勒曾预言，商业间谍活动将成为21世纪最热门的话题，越来越多的信息战和间谍战会在我们眼皮底下打响。在1991年的一项裁决上，一位美国联邦法官陈述道，我们国家的未来在很大程度上取决于工业效率，而工业效率在很大程度上取决于对工业产权的保护。

法律相关问题和经济间谍法

美国联邦调查局察觉到，目前至少有23个国家正对美国的商业机密虎视眈眈。这方面，法国早已臭名昭著。为了获取某些外国商客手上的经济技术机密，法国方面经常被曝在法航航班上或酒店客房内安装窃听器。有三位法国对外安全局(DGSE)的前任负责人曾公开评论过法国人出神入化的经济间谍活动。前DGSE的负责人克劳德·西乐柏在1996年谈到："在法国，政府既要管法，又要管商。"他还说，"几十年来，法国政府一手打理着商业市场，一手操纵着地下情报机构，为自己获取商业机密。"

在对美国的情报活动中，越南、古巴等一些国家一直处于活跃状态。而俄罗斯更是技高一筹——为了提高其在全球市场上的竞争力，俄罗斯甚至不惜动用了前克格勃①（KGB）和格勒乌②（GRU）的资源来网罗机密情报。这股在"冷战"期间用于对付西方国家的强大力量，如今为了俄国在市场经济时代的商业地位，正作着另一场残酷的斗争。其他诸如以色列、德国、日本、韩国这类亦敌亦友的国家，也都在暗中对美国的商业机密垂涎三尺。

---

① 克格勃（KGB），即苏联国家安全委员会。苏联解体后，改制为俄罗斯联邦安全局，其第一总局另外成立俄罗斯对外情报局。前身为捷尔任斯基创立的"契卡（Cheka）"（即全俄肃反特别委员会）。

② 格勒乌（GRU），于1918年由列宁组建，其主要任务是在全世界范围内处理一些军事情报。格勒乌在俄罗斯及苏联时代均拥有很强的独立性，俄罗斯及苏联政府各个部门均无权了解和干涉它的工作，甚至包括苏联共产党（CPSU）和克格勃（KGB）。目前，格勒乌仍是俄罗斯最大也是最为秘密的情报机构，且拥有属于自己的一支军队—Spetsnaz特种部队。

未来学家阿尔文·托夫勒曾预言，商业间谍活动将成为21世纪最热门的话题，越来越多的信息战和间谍战会在我们眼皮底下打响。在1991年的一项裁决上，一位美国联邦法官陈述道，我们国家的未来在很大程度上取决于工业效率，而工业效率在很大程度上取决于对工业产权的保护。

1996年制定的经济间谍法（EEA），就是为了让国家对外国工业间谍所带来的巨大威胁引起重视。这部法案将商业机密定义为："一切形式的财务、商业、科学、技术、经济或工程信息……信息所有人已针对情况采取了合理的措施以保护此信息的秘密性，或者该信息具有现实或潜在的独立经济价值，而又尚未被一般公众所知悉或公众尚不能利用合法方式进行确认、取得的信息。"也就是说，无论盗取商业机密的行为是发生在美国本土，还是发生在互联网上，亦或是在世界上的任何一个角落，联邦政府都将保有起诉的权力，绝不会有一条漏网之鱼。

● 新法的必要性

前联邦调查局局长路易斯·弗利总结道，面对越来越猖獗的工商业间谍活动，现有的联邦法规根本无法保障美国的经济利益不受其威胁。在这种迫切需求下，经济间谍法（EEA）的构想随之诞生了。弗利局长曾在参议院公开表示："知识产权和专有信息不但保证了美国经济的健康性、完整性和竞争性，而且也有利于我国经济强国地位的确立。"

在劳动成本或自然资源方面，美国也许无法同其他一些国家竞争，但是，我们胜在"思想"。我们能够不断地发明创造，不断地研发创新。IBM公司董事长弗兰克·卡里认为，国家的创造性、经济繁荣程度、人民生活水平，这三者之间有密切关联。如果投资得不到回报，那么创新也就失去了动力。

关于这个问题，英特尔公司官员大卫·香农曾在国会听证会上举了一个令人吃惊的例子。他说："英特尔拥有世界级的电脑技术，也拥有世界级的安全技术，可即便如此，仍然防不胜防。最近，我们就成了经济间谍活动的受害者。据估计，被经济间谍偷走的机密情报，总价值大约为3亿美金。"

总之，眼睁睁地看着数以亿计的美金和成千上万的就业机会正在悄然流失，美国政府根本无能为力，所有的反抗都显得力不从心。然而，这一切的罪魁祸首，就是那套早已老掉牙的法律。早在电脑、复印机和即时通信这些现代设备被发明出来之前，这套陈词老调就已经存在了，可时至今日，联邦政府竟还当它是个宝贝似的捧着不放。

◉ 阿迪朗达克项目

一个更具代表性的例子发生在1982年，联邦政府介入了对日立公司"阿迪朗达克"信息盗窃案的调查。"阿迪朗达克"项目是IBM公司所开发的新一代大型计算机的代号，也是IBM公司的高度机密项目。对于竞争对手而言，这套项目的信息资料价值高达数十亿美元。

在这起信息盗窃案的调查过程中，联邦调查局大范围地搜集资料，其中不乏铁证——比如一盘长达35个小时的录像带。录像带拍摄的是，FBI卧底谍员、IBM官员二人，与日立公司官员之间的密会。视频中，日立公司的官员给了那两个人65万美元作为贿款，并详细解释了日立想要"阿迪朗达克"技术的原因。可即便有如此铁证，依照当时的法律，日立公司也就只有一项罪名可以被指控——企图将盗走的IBM资产运往日本。最终，联邦法院仅能象征性地判处日立公司一万美元的罚款——这已经是当时法律允许的最高罚款了。

这一事件霎时引起了公愤，联邦调查局立刻拍案而起。为了给盗窃商业机密这一行为定罪，他们直接向美国政府游说，要求确立新法。而这次游说的产物，就是1996年的经济间谍法。

◉ 经济间谍法

经济间谍法（EEA）的通过，保护了美国公司免遭外国政府或外国公司窃取技术及专有信息。联邦调查局局长强调，随着外国间谍活动的日益猖獗，美国企业正面临越来越严重的威胁，所以这部新法是极其必要的。制定这部法案主要有两个目的：（1）挫败境外实体盗取美国商业机密的企图；（2）无论信息窃贼是本土竞争者，抑或来自海外，联邦政府都将保有调查和起诉的权力。该法案甚至还包括了网络犯罪，以及虚拟商业机密的非法复制。总之，它是属于新时代的法律。

该法案侧重对经济间谍活动的关注，并给予联邦政府起诉这类罪犯的法律机制。根据前述该法案对商业机密的定义，对这类信息的窃取就属于商业机密盗窃。现在，这种行为已被认定为刑事犯罪。

无论这种盗窃行为是发生在美国本土，还是在互联网上，亦或是在地球上的任何一个角落，联邦政府都有起诉的权利，而且最高可以判处十五年的有期徒刑，以及50万美元的罚款。

◉ 经济间谍法的局限性

虽然对海外间谍的威胁有了逐步清晰的认识，制定出这部法案也算应运而生，但是，真正执行起来确是举步维艰。目前为止，这部法案还起不了什么大作用。甚至连当初这部立法的坚定支持者——前总检察长珍尼特·雷诺，也指出了该法案的不足之处。她公开表示，由于该法的不可控性，她已经提不起干劲儿再去起诉那些潜在的犯罪者了。在该法开始生效的头五年里，每一起经济间谍起诉都必须经她审批，因此，至今为止，美国司法部一直都对案件挑挑拣拣。

实际上，这部法案存在许多漏洞。首先，它并不能把外国政府正规的间谍活动拒之门外。虽然间谍活动从来都是非法的，但是，这并没法阻止海外机构把矛头对准美国或其他国家的商业机密。近年来，经济问题已经成为重中之重，为了获取更多的经济信息和技术信息，许多外国政府和大型企业投入了大量的人力物力。如果能够坐享其成，得到现成的信息，那它们就可以省下数百万美元的研究经费，也无需浪费数年的时间，单打独斗地苦心研究。大部分的外国政府，都很乐意帮本国企业获取更多的竞争优势。它们对付"目标政府"的方法无所不用其极，包括：电子窃听、计算机系统入侵、跟监、非法侵入、勒索、贿赂、安插"鼹鼠"①，甚至挖员工墙角。

此外，犯罪事实的举证也是个难题。出色的间谍活动都十分隐秘，一般根本不会被发现。举个例子，若有一个间谍暗地拷贝了一份文件，再将其原封不动地放回原处，那么，那家公司可能永远都不会知道，这份资料其实已被非法访问过了，并已被传递给外国政府或外国公司。他们总以为，外国公司只是凑巧在相同的时间、开发出了相同的技术或专有信息，于是只能自认倒

① 鼹鼠，在情报术语中指隐藏在情报机关内部的奸细。

霉。而实际上，这根本就是间谍在搞鬼。情报人员和侦查员完全不相信这种巧合。

面对有外国政府背景的间谍（不管他／她是经济、政治、军事或其他任何领域的间谍），另一个棘手的问题就是，这些人通常都拥有外交豁免权，所以不能将其逮捕。因此，哪怕他们的间谍行动暴露，我们最多也就只能把这个恶棍驱逐出境，再对该国政府提出外交投诉。

◉ 惩治侵犯者

迄今为止，几乎每一次的逮捕行动，都能体现出该法的局限性。联邦调查局表示，正在调查中的经济间谍案高达八百余起，而其中，被指控的却仅有18个人。这一切似乎都昭示着经济间谍活动的明目张胆。其中四起是外国工业间谍案（来自韩国和中国），其余则都是本土企业之间的纠纷。此外，还有三个案件涉及FBI的秘密诱捕行动。听起来，在对抗工业间谍行动这一方面，FBI似乎采取了积极的态度。可事实上，他们之所以会主动出击，无非是由于收了些"小费"，而且，这种行动也没什么难度可言。

因此，至少在短期内，该法案并不能为美国企业提供全面的保护。也就是说，外国政府依然会觊觎美国的技术。虽然美国已经在不断地加高自家的围墙，但是，对方的手段也相应的"魔高一丈"。同样，公司之间的信息盗窃也不会消停，因为时至今日，我们都清楚地知道，"偷"要比"造"合算多了。

在对付这类经济间谍案时，调查取证的难度很大，且很难揪出幕后指使。因此，企业只能依靠自身的力量来保护自己了。

◉ 能做什么?

如果一家公司有商业机密需要保护，那么，当务之急就是改善其内部的安保程序（限制访问权限、对员工下达指示、划分信息等级，等等），而且，对自己的员工和合作伙伴，一定要有一个深入的了解。身为一家严谨的公司，应该深入调查所有有意向合作的个人和公司（尤其是具有海外背景的那些），这就是所谓的标准操作规程（SOP——Standard Operating Procedure）。

　　《孙子兵法》有云："知己知彼，百战不殆。" 一旦美国公司意识到自身所面临的威胁，一旦执法机构摸透了工业经济间谍的惯用伎俩，那么，经济间谍法也将不再是"鸡肋"，更多的罪犯将被绳之以法。

9

经济间谍活动和知识产权的保护

我们之前提到过，"商业情报收集"和"工商业间谍活动"之间的主要区别是是否具有合法性。同理，"经济情报收集"和"经济间谍活动"之间的区别也在是否具有合法性。商业情报或经济情报的收集者，使用合法的手段，收集有关目标的信息；而工业间谍或经济间谍，必然会使用一些非法手段，如窃听和盗取机密文件等。就拿日本来说，日本是一个积极的经济情报收集者，但大多数时候，他们还是用合法的手段在搜集信息。而其他的国家（有些会令你出乎意料），则大多走了非法的门径。这就是经济间谍活动。

"工商业间谍活动"一般是指，一家公司对同一个国家的另一家公司窃取信息。"经济间谍活动"通常是指，一个国家对其他国家（或其公司）窃取机密。这一类的间谍活动，通常是由该国政府所资助或认可的，所以来势更加不妙。有政府做后台的商业间谍活动也不算是个新鲜事儿，但自"冷战"结束以后，它们却成几何级数增长。

根据美国工业安全协会（ASIS）进行的一项调查显示，仅1997年年间，单是外国的间谍活动，就让美国企业在知识产权上损失了大约3000亿美金。再加上国内的间谍活动，联邦调查局的同年估计值竟高达4350亿美元。（这两个数字都远远超过白宫所估算的1000亿美元。但无论你乐意相信哪一个，美国的损失都是巨大的。）同年，美国联邦调查局所记录在案的经济间谍案就有1100余起；疑似案例550起；目前正在听候处理的外国反经济间谍调查有700余起。这些间谍活动包括：盗窃客户名单、化学配方和一些其他专有信息。而对我们下手的，居然还包括了那些最亲密的盟友——英国、日本、以色列和法国。联邦调查局的调查显示，高科技公司首当其冲，最容易被外国特工盯上，其次是制造业和服务业。这些间谍瞄准了研究和发展战略、生产和营销计划，以及客户名单。

美国工业安全协会推断，尽管经济间谍活动所造成的损失如此之惨重，但在世界1000强企业中，也仅有63%的企业拥有妥善有序的正式安防方案。

中央情报局已经可以确定，法国、以色列、中国和俄罗斯正"广泛地对美国从事经济间谍活动"。而日本，这个不厚道的盟友，和那些对美国技术窥间伺隙的国家一样，正进行着"基本合法"的情报收集。在上交给参议院情报特别委员会的报告中，中情局补充道："目前为止，差不多就只有六个国家的政府能被确认为'广泛从事经济间谍活动'的政府。"

经济间谍活动所带来的威胁令人忧心忡忡。1994年，克林顿政府成立了国家反间谍中心（NACIC），将联邦调查局（FBI）、中央情报局（CIA）、国防情报局（DIA）、国家安全局(NSA)和国务院的力量化零为整，集中火力打击经济间谍活动。

国家反间谍中心总结了海外间谍常用的侵入手法：

电话窃听，办公室窃听，以及移动电话窃听；

计算机网络入侵；

窃取图纸、文件、软盘和光盘中的专有资料；

设下招妓圈套，达到勒索目的；

利用"燕子"或"乌鸦"施美人计①，接近有条件获取商业机密的工作人员，与他们建立亲密的个人关系；将竞争对手麾下拥有有价值信息的员工招为己用；

向公司的供应商或雇员行贿；

在目标公司安插谍员或"鼹鼠"，以策反关键员工、入侵电脑资料库、

---

① "燕子"和"乌鸦"是色情间谍的别称。"燕子"指女性间谍，"乌鸦"指男性间谍。这类间谍的主要任务就是对目标对象进行色诱，以此来套出或逼迫目标对象提供情报。这种手段曾被苏联克格勃广泛使用。

拦截侦听通讯信息以查获机密消息、保密技术和其他信息。

从本质上讲，这些训练有素的情报工作人员所使用的所有伎俩，都是外国政府用于进行经济间谍活动的。这些具有侵略性的非法手段包括了行贿、非法入侵等，甚至连交换生和客座教授都可能是被利用的对象。这是一场没有规则的竞赛。像法国等一些国家，会不惜一切代价地去获取经济机密——他们甚至把窃听器装在了纽约—巴黎的法航航班上。当协和飞机自由地翱翔于大海的上空，在头等舱内，美国的商业巨子们并排地坐在一起，最后酌定着绝密的商谈立场。就在此时此刻，不知道有多少密谈已经被座椅内的窃听器录了下来。单凭这一行动中所截获的情报，法国公司就足以超越美国和其他的竞争公司，独占鳌头。

从表面来看，法国依然是美国的亲密盟友，这个事实似乎没有任何改变。和其他"盟友"一样，对法国而言，经济间谍活动是国家政策的问题。我想，中国总不能算是美国的亲密盟友——至少绝不会像法国这样亲密。与法国相比，中国对美国展开的经济谍报活动似乎更情有可原。

但是，究竟谁才是美国真正的亲密盟友呢？——一个从美国的对外援助中不断敛财获益的国家吗？让我们来看看以色列的所作所为。在所有的盟友中，以色列对美国展开的经济间谍活动最为强劲。

◉ 以色列 vs. 美国

以色列对美国的间谍活动与别国不同，因为两国之间存在着密切的文化、政治、军事和经济关系。与别国相比，再无其他盟友在存亡问题上会如此依赖美国；与别国相比，美国给予了以色列前所未有的安全援助和情报援助；与别国相比，以色列更为依赖与美国之间的密切合作关系。有些人可能会嘀咕，要不是因为与美国的"特殊关系"，今天大概都不存在"以色列"这个国家了。

从20世纪60年代开始，以色列逐步对美展开经济间谍活动。其中，由以色列国防部所成立的科学关系办公室(LAKAM)①，可以说是一支中坚力量。科学关系办公室的主要任务就是，通过技术力量和人员力量，渗透进美国的国防机构，通过对科学情报的收集，以增强以色列国防部的实力。其他从事经济间谍活动的以色列机构还包括：外国情报机构摩萨德（Mossad）②；以及国防部内部的一个新组织，即安全管理局（Malmab）③。

以色列经济间谍活动的目标包括：炮管技术、导弹再入飞行器涂料技术、航空电子设备技术、遥测导弹技术和飞机通信系统。

1986年，在试图从瑞康光学公司（Recon/Optical）（美国国防项目的承包企业）窃取一份多达5万页的空中侦察相机系统的技术文件时，三名以色列空军军官被当场抓获。在被捕之前至少一年的时间里，那三名以色列军官已通过苦心经营的联络网，将瑞康光学公司的专有信息传送到其竞争对手——以色列的EL-OP光电工业公司④的手里。仲裁小组后来下令，由于其"背信弃义"的非法行为，以色列被判处支付瑞康光学公司三百万美元作为赔偿。这家以色列企业自食恶果，商业谍报活动的暴露使其面临着破产的危险。后来，以色列则将此次窃取的光学技术应用于其第一颗持久型侦查卫星的研发，从他国窃取的技术摇身一变成了地平线3号卫星的核心技术。

针对美国国防机构，以色列带有侵略性的情报收集实例还包括：从通用动力公司位于得克萨斯州的沃思堡工厂窃取了F-16战斗机的机密设计方案；以及计划将集束炸弹技术运出美国。这两起案件都发生在20世纪80年代初，涉案的以色列间谍均被逮捕。还有这样一个案例：以色列间谍与康涅狄格州一

① 科学关系办公室（LAKAM）是以色列军事情报部门所设的科技情报机关。主要负责科技情报活动，尤其是军事科技情报。"冷战"结束后，它的活动更为活跃。在以获取以美国为主的新的科技情报和设施的活动中，这个机构仍然是主角。

② 摩萨德（Mossad），全称为以色列情报和特殊使命局，由以色列军方于1948年建立，从事范围涵盖军事情报搜集、反恐任务等，是以色列最重要的情报机构，其首脑直接向以色列总理报告。摩萨德与美国中央情报局、苏联内务委员会（克格勃）一起，并称为"世界三大情报组织"。自从成立以来，摩萨德进行了多次让世界震动的成功行动。

③ 安全管理局（Malmab），又称 马勒马卜，是负责以色列国防安全的秘密机构，同时也派员在国外进行工业间谍活动，向以色列提供军火工业所需的第一手情报。

④ 以色列EL-OP 光电工业公司创建于1937 年，主要研制和生产各种光电系统，涉及所有光电领域的反干扰设备，以及用于地面、海上和空间作战的武器平台等。

家名为耐普克（NAPCO）的公司勾结，出口了120毫米坦克炮管内层镀铬的机密技术。耐普克公司承认违反了美国出口法，并被罚款75万美元。但是，整个案子中，居然没有一个以色列人被起诉。在另一起案件中，司法部指控科学应用国际公司的一名官员，说他通过某些以方的高级军官，向以色列非法转让美国的导弹防御技术。以色列也被发现非法向马斯洛特公司（Mazlot）转让了美国的遥控飞行器技术。后来，以色列利用这项技术的价格优势与美国的竞争对手叫板。

1985年5月，美国犹太人理查德·史密斯被指控向以色列走私核武器的电子触发器。但是他并没有出庭受审。在交了10万美元的保释金后，他就被释放了。案件审理时他甚至都未在法庭露面。后来这名犹太人移居到了以色列。

有时候，以色列都用不着自己动手去偷，就会有人（美国人）把机密技术"在桌子底下"塞给他们。1997年的联邦调查局备忘录中记录了这样一个案例：大卫·泰拉贝尔是美国国防部陆军坦克车辆和装备司令部（TACOM）的一名公务员，同时，他也是一个虔诚的犹太教徒。他承认，在过去十年间，他一直将"不可外泄的机密偷偷传递给每一个被派到司令部的以色列联络官"。经泰拉贝尔之手外泄的机密包括：战区导弹防御系统的机密资料、布拉德利战车技术、陶瓷装甲技术和其他一些武器系统。而且，泰拉贝尔和以色列之间，似乎还有更进一步的商业利益关系。因为，以色列的埃尔比特系统公司，目前正在销售布拉德利战车（这是美国陆军的装备）的改良品种；以色列也正准备向土耳其出口一套箭战区导弹防御系统——当然，这套防御系统的核心技术也源于美国。

◉ 美国——以色列——中国

尽管以色列如此嚣张地对美国和其北约盟国进行着经济间谍活动，但是，有许多人始终都不以为意。他们认为，以色列毕竟是个亲密盟友，他们会对美国的机密守口如瓶，所以，这只不过是个技术转移的问题。

可事实是，以色列并不可能做到守口如瓶。一旦以色列窃取到了美国的重要机密技术（或通过军事交换协议得到），他们就会将其重新包装，然后再把它卖给美国的对手——包括中国。

2000年5月19日的《华盛顿时报》引用了一美方情报源的线报：以色列将向中国提供一套高尖端的机载警戒与控制系统平台（AWACS）。这项技术将有助于提高中国在地平线以上（空中）定位敌军部队的能力，并大幅提升中国部队作战指挥能力和控制能力。这套系统的核心技术其实来源于美国。以色列将专门为中国生产一系列（约3—7个）的AWACS系统，之后还有可能再将这套系统出售给其他国家。这套平台中还包括一套先进的以色列费尔康雷达系统，这套以美国AWACS技术为原型而改良生产的系统，每套价值约2.5亿美元。

◉ 论双面忠诚

犹太人对美国的不忠并不是个人问题，这是他们故国的国家政策问题。许多犹太人都对祖国怀有一片赤子之心。为了国家利益的最大化，以色列情报机构经常会利用这片赤诚，买通其海外后裔。

在这股力量当中，乔纳森·波拉德事件算是一个典型。美国和西方国家的反间谍机构必须接受这个事实，并着手应付这个局面——就像中央情报局那样。 在我待在中情局的这几年里，中情局一直都不愿将犹太裔的情报官员派去以色列任职。因为，要将他们送到自己家门口，让他们去招募以色列同胞成为美国的间谍，还要从以色列同胞的嘴里套出情报，这实在是太冒险了。

关于这一点，在美国国防调查处1996年的关于以色列经济间谍活动的档案中，我们可以找到证据。档案中表明，以色列对美国国防技术信息有很大的需求。此外，这份档案还写道："民族主义"与"坚韧的种族纽带"，这两个因素使得以色列在美国的情报收集工作如虎添翼。

海外情报机构会利用民族主义来吸引海外间谍，美国政府官员已认识到这点。以色列、中国和韩国尤其擅长打"民族主义"牌。联邦调查局和中情局早就意识到这类的间谍活动的特殊性，所以在调查有关窃取专有信息或机密信息的案件时，他们都会格外谨慎。中情局已公开表示，"在很大程度上，以色列情报机构内的间谍与线人的招募活动是得益于海外的各类犹太人团体和组织。

◉ 未来的形势

除非中东地区能够很快获得和平（这基本不太可能），否则，以色列只会变本加厉地使用经济间谍手段，猎取急需的技术。以色列正在大力推进以先进软件、互联网服务、生物科技公司等其他高新技术为代表的出口型技术产业。但是，由于不得不将绝大部分的GNP（国民生产总值）花在国防工程上，所以，以色列只好以投机取巧的方式，谋求所需的技术。我们已经知道，"偷"要比"造"合算多了。

由于科学技术日新月异，投资新产品的风险也跟着水涨船高，这更是刺激了经济间谍政策的横行无忌。由美以双方（美国的机构与以色列的技术工业）合资的那些企业，则为技术信息盗窃案创造了机会和门路。

经济间谍活动已经是世界秩序所默认的潜规则。但在所有国家中，以色列的肆无忌惮却是独一无二的。几乎没有哪个盟国在战略上和经济上比以色列更倚赖美国；也更没有哪个盟国会对他们的恩人奉行更具有侵略性的经济间谍政策。

◉ "梯队"计划

其实，就连美国政府也一直被指控对其最亲密盟友实施经济间谍活动。

一个名为"梯队"①的联合计划最近被欧盟曝光。"梯队"计划是由全世界五个领先的英语国家携手组建的，该计划通过拦截电子邮件、传真和电话会谈的方式，令这五国的产业在国际竞标上占得优势。针对"梯队"计划和美情报机构电子窃听是否具有合法性和道义的问题，欧盟议会决定展开一场辩论。

申述中提到，1994年，一名巴西官员和法国汤姆逊无线电公司之间的电话会谈被美国窃听，美国使用此次截获的信息，夺走了原本属于汤姆逊无线电公司的价值13亿美元的雷达合同，将合同设法转让给了美国雷神公司。

---

① "梯队"计划是一个以美国为首，有英国、加拿大、澳大利亚和新西兰参与其中的全球最庞大的电子监听系统。这个以美国为首的五国联合电子间谍系统长期以来一直处于绝密状态，就连五国政府的多数高级官员也从来没有听说过这种电子间谍系统的存在。该系统被怀疑大规模介入了针对欧盟商业贸易的间谍活动。

申述中还提到，1990年，有人声称，美国国家安全局（NSA）截获了一位印尼官员与日本卫星制造商NEC公司官员之间的电话。电话中，双方谈论了一笔价值200万美元的电信交易。美国AT＆T公司[①]也是该项目的投标人之一，但电话内容暗示，印尼将会把合约给NEC公司。

在这两个案子中，美国国家安全局（NSA）所截获的情报表明，正是因为印尼和巴西的官员收受了贿赂，所以合同才落入那两家公司之手。当时的美国总统乔治·布什也直接插手这次印尼事件，强求印尼总统至少也要让AT＆T分一杯羹。迫于美国官方的压力，最后，印尼政府只好将合同一分为二。

另一个案例中，法国情报机构指控美国情报机构与微软公司相互勾结，开发了一款能让美国暗中监视全球计算机用户的软件。法国方面称，美国国家安全局（NSA）协助微软公司，在全球90%使用此软件的电脑上，强制性地安装了秘密程序。（注：根据我在美情报界的经验，这一指控纯粹是胡说八道。不过，某些道德水准和法律标准均不如美国的国家，也许可以实现这一壮举。）

事实上，从以上这些美国所采取的经济间谍行动的案例可以看出，美国已经对"不怀好意"的外国企业有所提防。许多外国公司为了获得第三国的业务，都会试图通过行贿来击垮美国公司。为了给美国公司创造一个公平的竞争环境，国务院通常都会根据所获情报而对第三国施加政策压力，以此来解决"不公问题"。

◉ 该出手时就出手

虽然，美国当局一直否认动用了信号情报（SIGINT）的力量来扶持美国的私营企业，但是，当行贿这类非法手段已经威胁到美国企业的安全投标之时，那么，美国政府有可能会破例使用信号情报力量，这也是合情合理的。这是因为，企业在欧亚所面临的竞争环境与在美国大不相同。美国的《反海外腐

---

① AT＆T公司（即美国电话电报公司，AT&T是American Telephone & Telegraph的缩写），是一家美国电信公司，其前身是由电话发明人贝尔于1877年创建的美国贝尔电话公司，曾长期垄断美国长途和本地电话市场。近20年中，AT&T曾经过多次分拆和重组。目前，AT&T是美国最大的本地和长途电话公司。在2009年《福布斯》杂志评选的全球2000大企业中，AT&T排名第七。

败法》禁止美国公司向外国官员行贿，而在欧亚，人们则认为这根本是天方夜谭。对于这种"商以贿成"的行为，欧亚人早就习以为常。在许多国家，行贿不仅合法，而且还可以抵消部分的营业税。

美国国家安全局（NSA）定期从全球各地的监听站搜集信号情报。这些信号情报包括：电话会谈、传真和电子邮件。不过，所收集的信息量实在太过庞大，所以，根本不可能将所有内容都转录并转换（或是解码）为可用格式。大多数的内容，只是原封不动地待在大卷的录音带里。只有当计算机侦测到某个关键词或几个关键词的组合时（例如：总裁/暗杀；炸药/大使馆），或将特定的电话线路设定为监听目标时（例如：伊朗政府办公室与美国之间的电话线路），监听录制才会开始自动运转。除此之外，为了查找与已发生或即将发生的事件相关的线索，还可以在计算机中搜索特定的信息。

◉ 贝拉舞厅爆炸案

位于西柏林的贝拉舞厅，是一个颇受美国大兵欢迎的据点。在1986年4月5日，这里发生了一起轰动世界的爆炸案。这次的恐怖主义活动，导致了两名美国军人和一名年轻的土耳其妇女死亡，并有229人受伤。美国政府正式介入调查。调查初始，有力的间接证据将矛头指向了利比亚。这些证据包括：在袭击发生的两周前，当时利比亚领导人卡扎菲发表了一份公开声明。在声明中，他呼吁所有阿拉伯人，要全球性地攻击美国的利益集团。这些旁证证明，这起恐怖主义活动的幕后黑手正是利比亚。可除此之外，再无其他的确凿证据。后来，美国国家安全局（NSA）对已截获的录音资料库进行了调查，搜索到了在爆炸案发生前后，卡扎菲与利比亚情报机构及利比亚驻东柏林大使馆的密谈。这就是铁证。

这份电话密谈录音无可争辩地证明：卡扎菲亲自授意了这次袭击，而且，行动是由利比亚情报部门的特工亲自执行的。在一份从利比亚的黎波里情报总部打往其驻东柏林使馆的电话录音中，卡扎菲要求发动一次"伤亡越多越好"的袭击，而这次通话时间是在爆炸案发生前三星期。另一份录音证据，是在恐怖袭击的几个小时之后，从的黎波里大使馆打出的电话，内容是："凌晨1:30的行动已经成功，没有留下任何蛛丝马迹。"

随后，西德警方使用电话拦截技术，追查到了这次袭击的头目——一位驻扎在东柏林大使馆的利比亚情报官员。最终，逃亡罗马的他被捉拿归案。

结果，当时的美国总统罗纳德·里根宣布，在这个问题上，美国已经有确凿的铁证证明卡扎菲的罪状。作为报复，美国已于1986年4月14日，在利比亚的两个城市展开空袭，轰炸目标包括卡扎菲的宫殿和帐篷。不过很不巧，美国的海军战斗机并没能命中卡扎菲，但他收养的孩子和其他几位家庭成员，都在袭击中丧生。这次空袭使得卡扎菲惶惶不可终日，陷入了暗无天日的低谷之中。直到几年之后，他再次现身，制造了更加惊世骇俗的泛美103洛克比空难。[①]

出于反经济贿赂和其他的正当理由（如反恐），美国会常规性地监视欧洲和其他地区的通信。这根本就不是什么秘密，而且也合情合理。在经济受贿问题上，前中央情报局局长詹姆斯·伍尔西曾公开证实，在华盛顿，这类针对外国企业和外国政府的腐败行为所展开的情报收集早已被认可，他说："过去，我们一直在暗中盯梢。我希望美国政府将来也会继续监视行贿活动。"他补充道，鉴于欧洲公司所具有"商以贿成"的"民族文化"，这类谍报活动只不过是正当防卫。

◉ 加拿大的间谍活动

就连北部的友好邻居加拿大也不放过我们。

《间谍世界》一书（描述作者在加拿大通讯保安局［CSE］的职业生涯的一本书）的作者麦克·弗罗斯特说，加拿大间谍曾监听过美国驻加大使的移动电话。某次，他们监听到美国将与中国达成一笔交易。弗罗斯特先生说，利用这份情报，CSE捞到了这笔价值25亿美元的粮食销售买卖，美国之前的心血全都付诸东流。他接着说，早在1981年，加拿大就已开始采用美国所生产的间谍技术，来对美国的大使进行窃听了。而其中大部分谍报技术，是在两国间严格的情报联络协议下获得的。

---

① 洛克比空难（1988年12月21日），是一次恐怖主义炸弹袭击。当日，泛美航空103号班机正在执行法兰克福—伦敦—纽约—底特律航线上的飞行任务。当飞机飞行在苏格兰边境的洛克比小镇上空时，飞机爆炸，共有270人罹难。这次恐怖主义行动是一次针对美国的袭击，在911袭击事件发生前，此次空难是最严重的恐怖活动。这次事件直接导致了泛美航空公司在空难发生的三年之后宣告破产。

◉ 盗版和假冒

卑鄙的盗版和假冒产业正在发展壮大。仅微软一家公司，每年因为盗版软件而造成的损失，就高达数亿美元。就拿台湾地区来举例：多年来，台湾一直都是非法盗版的中坚力量，他们不仅盗版了微软和其他计算机软件，还盗版了香水、书籍、视频和录音带。没有他们做不到的，只有你想不到的。他们甚至还生产冒牌的保罗衫和李维斯牛仔裤。这是一个卑鄙龌龊的行当，你要做的就只是买上一件原版产品，然后再不断地复制它就行了。然而，当一个国家对假冒产品地公开生产、公开销售表示默认的时候，想要起诉它，就不那么容易了。

软件的数字特性使它极其容易被快速地复制和流传。商业软件联盟表示，在1998年，仅美国一个国家，由于软件盗版就导致了近10亿美元的税收损失、45亿美元的工资损失和10.9万人失业——这还不包括微软和其他软件制造商的损失。问题还在不断恶化：微软在1999年公布，不包括已经流散在外的和已经在互联网上免费共享的那些，仅是被执法部门查获的盗版软件，就超过了430万套，这个数字是前一年的近5倍。"盗版软件的质量不如正版的好"这一流言已经是老皇历了。随着数码技术地迅猛发展，通常盗版版本的效果与原版毫无差别。

中国政府反盗版部门一直在研究该如何阻止盗版光盘从香港非法越界流入中国内地。 1998年，中国海关查获了3850万张盗版光盘和68条生产线，并拘捕了1610名跨境走私犯。 广东省政府（也在香港和中国内地边界巡逻）又额外查获了3300万张盗版光碟、250万本盗版图书和21条生产线，并逮捕了1790个涉案嫌疑人。这已经成为了一个国际性的问题，只有开展密切的国际合作，才能制止它继续蔓延。但是，这种合作实际操作起来，却是困难重重。因为这实在是个一本万利的买卖。某些无赖国家对假冒和盗版的行为采取一种放任自流的态度，或者至少也是睁一只眼闭一只眼。下面，让我们来看看在厄瓜多尔展开的一次打假行动。

◉ 冒牌雷朋

从1994年年中开始，博士伦公司发觉，在基多洲际酒店附近的市场上，有大量的雷朋太阳镜的廉价仿冒品悄然上市，其中包括了徒步者、飞行员，以及其他一些经典款式。博士伦公司想要确定，冒牌货是不是的确在销售？如果是的，那么供应源和分销网络又是谁？ 最后，他们希望对厄瓜多尔政府高层施加影响，敦促警方查抄没收这些假冒商品，并揪出幕后黑手。

首先，我们找了一名当地的侦察员，派他去那里的小摊和商店逛了逛，确定一下销售点。又买了几副店里的假冒眼镜留作证据，并拍下了照片。 这些销售点甚至还包括像塔蒂、斯嘉丽和萨克斯这样的名店。冒牌眼镜的售价大约是15美元一副。乍看之下，这些冒牌货与博士伦的真品几乎没两样，连眼镜盒和镜片上的贴纸都模仿得惟妙惟肖；可经过细细观察，可以发现，仿品的做工要比正品逊色很多。尤其是镜框的焊接部分，更是粗制滥造。 就像过去在越南常说的那样：它们"类似，但是不相同"。

接下来，那位侦察员扮成了一位进口商，佯称要进口大量的眼镜去拉丁美洲。"谈生意"的过程中，他了解到，眼镜框架和眼镜盒是从巴拿马经海路，或从哥伦比亚经陆路运进厄瓜多尔的，而镜片的抛光和安装，则是在瓜亚基尔沿岸的某处进行的。 经过进一步的调查和跟监，终于在市场区的附近，发现了一个叫做伊皮亚莱斯·马泰克的仓库。 这个仓库的主人列宁·马丁内斯，是一个名为"自由、和平、正义"的合作社的社员，而这家合作社与黑市有染。侦察员随后确定，马丁内斯就是冒牌雷朋眼镜在基多地区最大的分销商。

掌握这些情况后，我们联系了美国大使馆，要求他们根据《反商标伪造法》，针对厄瓜多尔政府，制定出正式的行动方针。我们督促美使馆向厄瓜多尔政府施压，还提议，应立刻突击查抄那些小摊和商店，逮捕涉案人员，没收且销毁假冒商品。 但是不出所料，美国大使馆的行动并不是很积极。只是象征性地没收且销毁了少量的假冒眼镜盒和太阳镜，而且没有逮捕任何人。 每年，有数十亿美元就这么流向了造假者的腰包，这笔钱包括：产品销量的损失、就业机会的损失和警务成本的损失。然而，在政府所关心的那些头等大事面前（毒品，恐怖主义等），这点"细枝末节的小事"根本不能引起他们的注意。受害企业只好依靠自身力量来展开反间谍的措施。在国家意识到这些"小事"的重要性之前，那些受到侵害的公司和无结果的反盗版行动，只能先忍气吞声了。

◉ 捍卫您的公司

保护公司机密不外泄的第一步，就是认清，你的竞争对手想要什么。然后，把那些令竞争对手垂涎欲滴的资料和文件，放在一个安全妥当之处，保护周全。如果公司不能将信息保护政策做到位，那么他们的商业机密注定要落入他人之手。

物理安全措施（锁、警报器、保险柜、栅栏、入侵侦测系统等等）非常重要，对于机密材料，必须执行严格的保密处理和保管程序。应推行信息安全计划，以保护计算机和计算机上的文件。最重要的是，必须采用安全销毁措施来清除机密信息资料，碎纸机就是性价比最高的工具。

但光有这些防卫措施还不够。很难说是不是会有某个心怀不满，或者贪赃枉法的员工，悄无声息地偷走了公司的专有机密。这才是症结所在。对那些日后会接触到敏感信息的员工，一定要做好就职前背景调查；对那些合资企业的合作方（尤其是国外合作方），同样要做好尽职调查的工作。

对于来访的外国科学家、技术人员和学生，更是要展开全面调查，并禁止他们接触到专有信息。某些国家总是利用其海外后裔，为自己收集各种信息，比如中国、日本、韩国和以色列等。要格外警惕这些国家的来访人员的到来！

据说，波音公司禁止员工使用亚洲或欧洲的传真机发送机密资料。惠普公司告诫他们的员工，如果你的笔记本电脑里存有机密信息，那么在你出差的时候，千万不要将电脑单独留在宾馆房间里。法国宇航公司和加拿大的电信巨头——北方电信都有这样的规定：外出参加机密商谈的公司官员必须返回法国境内商讨谈判策略，而不能在电话中透露敏感信息。

这些做法也许太过极端，但事关机密，需要格外谨慎。保密信息受到了多大的威胁，就得采取多严苛的对策。当然，让公司的谈判代表飞回本土，有时候会比打一通国际电话惹来更多的麻烦。但是，在大多数情况下，这类安全措施才是最妥当的。

10

信息源的保护

在情报界，最常遇到的棘手问题，莫过于对信息源的保护了。究其本质，情报就是从秘密的消息来源处所获得的秘密信息。如果秘密信息的源头面临着暴露的危险，这也就意味着从中所获的信息也将会随之枯竭。

对于该如何妥当地利用情报，情报界和他们的情报需求者之间，一直存在着争议。简而言之，情报界的原则就是，如果利用了情报后，将会暴露情报源的身份，那么情报人员就会坚决反对。不过反过来，情报需求者却认为，如果情报不能被利用，那么它的价值又在何处呢？交战开始了。

举个例子：假设中情局从贩毒集团的线人那里得到消息，马上将会有大批可卡因在某天由某艘轮船运入迈阿密港内。如果是缉毒局（DEA）得知了这一情报，那他们一定会在可卡因到岸前，设法拦住那艘船；如果是执法机构得知了这一情报，那它们一定会想要拘捕这些走私犯（而其中一个正是我们的线人）——这是他们的本职工作，本来无可非议。但是，如果这样的突击搜查会暴露线人的身份呢（就像本案可能会发生的这种情况）？保护信息源和搜情方法是中情局义不容辞的责任。若是一听到消息就轻举妄动，那么线人的处境就岌岌可危了。中情局绝不能让这种情况发生。

一旦货物被缉毒署截获，贩毒团伙的头儿们就会开始搜查，谁才是那个走漏了风声的泄密者。由于这类消息都会严格保密，在"按需知情"的基础上，只有少数人有知情权。犯罪团伙用不了多久就能找出内部的可疑分子，我们的线人就有危险了。

最终，走私分子很可能会识破线人的身份，如果继续让线人留在犯罪团伙内部，这是十分冒险的举动。因此，在开始突击搜查行动之前，信息源必须赶紧撤离，而且，有必要对其进行保护性监禁。权衡是否应该展开拘捕行动的决定性因素是：信息源的价值与行动的价值，两者孰轻孰重。

◉ 当信息源做了愚蠢的事

保护信息源固然是情报官员的责任，然而，当特工们开始变得飘飘然，违反了保密规定的时候，或者发生了一些不可预见的情况，他们就很难得到保护了。所以，在间谍和他/她的管理者之间建立一堵安全防火墙，或加装一个保险丝是很重要的。这可以大大降低暴露的危险，避免整个组织被顺藤摸瓜地一窝端。

下面的这个案例中可以看出，从一开始就植入预防措施是多么的重要，这可以防止情报网遭到灾难性的破坏。

◉ 港探行动

长久以来，港探行动都是中情局海外行动的主要任务。中情局总部下达指示，命令分布在世界各港口城市的情报站都要参与这项计划。在"冷战"时期更是如此。

任务目标是招募一些在船舶上工作的海员。因为他们可以定期访问中国、朝鲜、越南和苏联的港口，借此机会，可以让他们拍下所有来往船舶和港口的全景照片，并记下船舶的名字、入港日期、加载卸载的货物种类等等。

如果因为安全限制的原因而无法摄影（在一些国家的港口中常有此事），那么港探则必须提交书面报告（记录船舶的名称等）。

对于情报分析员而言，港探们的信息是追踪这些国家的运输进出口情况的重要线索。这些信息会与定期拍摄的卫星信息相互对照核实（由于会受到天气因素和分辨率的限制，卫星报告往往并不清晰。尤其是在雨季，云层经常会连续数天或数周遮挡住目标港口，导致拍出来的照片模糊不清。而且，由于分辨率的问题或者摄影机高角度拍摄的问题，照片上基本看不出港内停泊的船舶的名字。如果将卫星数据和港探所提供的信息二者相结合，就能拼凑出目标港口全面完整的信息）。

凡是驻扎中国香港的情报官员，都对港探计划甚为熟悉，大多数人都身体力行地参与其中，或者至少也会参与到物色谍员的这个环节中来。他们或多或少都为这个计划作出了贡献。我们大部分人都对水手常去的酒吧很熟悉。在狂欢夜，我们还经常去凑个热闹，借机物色未来的准特工候选人。在香港，许多酒吧都会为水手们提供餐饮服务，其中最出名的，莫过于位于九龙的三姐妹酒吧。

◉ 三姐妹酒吧

三姐妹酒吧可以说是个水手之家，地方虽然不大，但是环境很温馨（这家酒吧的确是由三个姐妹一起开的）。经常会有某个水手欠下了一大笔账单，直到他快要离开香港的时候，也无力偿还。这种情况下，姐妹们会让他在账单上签个字，然后把单子塞到酒吧后面的一个白兰地大酒杯里。等到几个月甚至几年之后，那位水手再次光临，她们会在他提醒之下，从塞得扑扑满的大酒杯中，挖出他的账单，让他结账。接着，又开始一轮新的循环。所有夜间来往于香港的船只都会不约而同地发出这样的闪光信号："三姐妹酒吧见。"

对中情局的情报官员和基干谍员而言，另一个最受欢迎的"钓点"就是香港海员俱乐部。从某种程度上来说，它比"三姐妹"这类酒吧还要好。这是因为，许多共产党国家的水手，就连九龙酒吧里一杯最廉价的啤酒都买不起。对他们而言，当船停港的时候，俱乐部是一个既便宜又能消磨时间的好去处。当然，招募共产党海员要比招募非共产党海员的难度大多了。这主要是因为，在离开本国之前，他们都接受过一定程度的保密教育；当在海上或在港口的时候，也有政府的保卫官员时刻跟监。他们普遍都有些鲁钝蒙昧，也不会讲什么外语。但利用这类船员作为港探的好处在于，他们可以更自由及更频繁地访问目标港口，因此，共产党船员的价值也就更为重要。

正是在香港海员俱乐部，我手下的一名基干谍员——代号TTSEEK（这是一个虚构的合成词）——物色到了一个年轻的中国水手。这个水手是一艘中国货轮上的无线电操作员，我们暂且称呼他为TTSPARKS。

◉ TTSPARKS

应该说，TTSPARKS是一名完美的港探谍员候选人。他是华人，又在中国的船上工作，而且还会定期造访中国、朝鲜和越南的港口。另外，他的工作环境也为间谍活动提供了便利，使他有私人空间可以拍照（无线电操作室内有舷窗，从那里，可以拍摄到海港和其他船只的秘密照片）或者写报告（他常独自一人待在无线电操作室）。无线电操作员的工作，则又是一个额外的惊喜，这开辟了一种新的可能性——在航行途中进行谍报通信联络。

TTSEEK是一名长期基干谍员，当时他主要负责在香港物色适合当特工的中国人。而我则是他当时的间谍管理员。

在香港海员俱乐部，TTSEEK注意到，TTSPARKS独自一人坐在中庭里喝可乐。在当天早些时候，他偷听到了TTSPARKS和其他中国水手的谈话，他由此了解到，TTSPARKS是一艘中国船上的船员，他们的船目前正停泊在港口。TTSPARKS说的是福建话，而TTSEEK正好可以说一口很流利的福建话，他利用自己的优势，打开了与那名未来特工之间的话匣子。这两个老乡一见如故，很快就建立了和谐融洽的关系。接着，TTSEEK为TTSPARKS买了一杯啤酒，这杯啤酒更是拉近了他们之间的距离。TTSPARKS透露道，他是停泊在港内的一艘中国货轮上的通讯员（这条信息我们早已掌握）。之后，他们又在当地的一家福建餐厅共进了晚餐，他们喝了更多的啤酒，关系也变得更好。晚餐结束后，TTSEEK还把TTSPARKS送回了他的船上，这个美好的夜晚才算结束。

两人约定翌日再见，决定去一个离海员俱乐部远一些的地方，一起吃午饭。这为此次行动注入了第一点隐秘性。紧接着，TTSEEK向我发出了紧急见面信号。次日早晨，我们在常规的秘密据点会面。他说了前一天发生的事，并描述了TTSPARKS和他的船。我们一致认为，TTSEEK找到了一个冤大头，而且这个人很可能会成为港探谍员。由于TTSPARKS的船会在两天内离开去广州，所以我们商讨着，该如何在有限的时间内，取得进一步的发展。之前，TTSEEK是用化名（这是标准的中情局谍报技术，专门用于应付此类行动）接触TTSPARKS，我们还是决定使用"假身份"去接近目标，这样的话，即便是失手了，也能给我们提供进一步的保护。我与TTSEEK曾经打过几次这样的掩护，所以我们对此都不陌生。

TTSEEK早就察觉到了，TTSPARKS囊中羞涩，工作上也不被赏识，根本没什么晋升的机会。第二天吃午饭的时候，TTSEEK就利用这两点，开始慢慢地下套。TTSEEK说，他是一家法国商业研究公司的员工，这家公司有兴趣在中国、朝鲜和越南寻找投资机会。为了研究需求，他需要像TTSPARKS这样的人来提供某些信息，比如货物的类型、进出货物的地点等等。TTSEEK说，虽然这类信息绝大多数都有统计资料，但是，为了给潜在的投资者和贸易伙伴展现一个更明亮的前景，往往会虚增这些数字（TTSPARKS对这番话深信不疑，因为事实的确如此）。TTSEEK说，这家研究公司只是需要以某种方式，抽查那些塞给外来投资者和贸易伙伴的信息。他补充说，该公司愿意支付给研究人员很高的报酬以购买他提供的信息，只要他能确保收集过程的保密性，以免影响报告信息的准确性。

TTSPARKS大约可以得到300美元的月薪（这是他在船上挣的四倍左右），我们还会替他将这笔钱存进一家香港银行。此外，他还将得到500美元的现金作为招募奖金。TTSEEK解释说，想要赚取这笔钱，他要做的就只是从无线电操作室的舷窗内，拍下在港内船只的照片，再记下船舶的名字。可能的话，也尽量记住他们的货物类型和进入港口的日期。以后，每当船停靠香港的时候，TTSEEK都会与他见面，移交胶片和记录，并汇报他的所见所闻。

如果他同意，TTSEEK会将他引见给他的法国老板，敲定最后的安排，并发给他相机、胶卷，再进一步的说明该如何开展他的新工作。TTSPARKS欣然同意。会面被定在第二天晚上，一个偏僻的餐厅里。

第二天晚上还是很顺利。我的新身份是弗朗索瓦·杜·波依斯，一个子虚乌有、名字繁琐的法国公司的研究部主任。我还稍作乔装，为自己贴上了胡须，戴了副笨重的法式眼镜，头发向后，梳得油光锃亮。为了加强这个掩护故事的可信度，一整个晚上，TTSEEK（他是个真正的语言专家）只用法语和我交谈，然后再将法语翻译成福建话，转达给TTSPARKS。

这次的会面实在是好得不能更好了。TTSPARKS对我们的掩护故事深信不疑，也很高兴能有个赚外快的机会。为了在他的脑海中加强保密概念，我还让他签署了一份保密协议。又给了他一个35毫米的傻瓜相机和几卷胶卷，对他的任务做了简要的提示。除了对每个港口的航运情况做摄影和记录，我也要求他眼观六路、耳听八方，留意任何可能会影响到外国投资的经济或政治信息。对于最后这个要求，我本来不抱指望，但TTSPARKS曾提到，船员们会定期召开政治会议（有时候在船上，有时候也在中国港口），所以我还是把这个要求说了出来。不试试看，谁都不会知道结果。

事实证明，这是个大错。

◉ 在广州收集信息

当TTSPARKS的船抵达广州港口时，他立即开始了拍摄，并留意当时在海港的所有船舶的名字。 两天的时间里，他足足拍了一整卷36张的胶卷。当船缓缓起锚时，他又从舷窗向外拍下了一张全景照片。 他记下了船舶的名称、国籍和货物，笔记内容相当丰富。所有的情报数据，都被隐藏在无线电操作室里的一个隐秘之处。到目前为止，一切都好。

在广州的第三天，TTSPARKS等船员就被港口的官员召集去开会。这时，TTSPARKS突发奇想，决定为他的法国老板——弗朗索瓦·杜·波依斯打出一个情报本垒打。

他从来没提过他有一个袖珍录音机（我们也从来没有想过要去问），但是TTSPARKS还是决定，用他的录音机录下这次会议的内容。 其实TTSPARKS也知道，在这次会议上是绝对不允许录音的，这种尝试非常冒险。但他实在是太不知天高地厚，相信自己可以侥幸成功，而且还能逃脱处罚。如果设备安装完善或经过恰当的指导，那么他也许还能使用顺当。不过现在，这两个条件都不具备。

他的录音机又大又笨，是用来放标准录音带的那种尺寸，根本不是可以放进烟盒的迷你型，要藏在身上是很难的。他只是将录音机随意地塞在上衣口袋里，并指望没人会注意到。另外，他的录音机有自动翻转功能，而且意想不到的是，在会议鸦雀无声的暂停期间，伴随着响亮的咔嗒声，磁带翻面了。

◉ 审讯

当咔嗒咔嗒的声音在房间里清澈回响的时候，所有的目光都集中到了TTSPARKS身上。众目睽睽之下，他只好从兜里掏出了录音机。中国警方没收了录音磁带，又开始搜查其他证据，将他的睡铺和无线电操作室翻了个底朝天。他们搜到了相机、几卷新的胶卷和几卷已经拍过的胶卷。TTSPARKS当场被拘捕了。

审讯长达两个多星期，TTSPARKS被关在一个漆黑的单人牢房里，漫长的审讯过程使他备受折磨。当审讯官确定TTSPARKS已经全部交代了之后，他才被转移到一个条件好一些的牢房中，与一般的犯人关在一起，并允许他正常地吃饭睡觉。他受了点瘀伤，睡眠质量大幅下降，人也瘦了好几斤，但好在并没有永久性的身体损伤。他度过了三个星期的铁窗生活，在监狱中接受了再改造课程，还接受了保防指示，之后才被释放。有关当局还批准，当他的船再次停靠广州时，他可以重新回去工作。

他为什么会被轻饶呢？因为警察和反间谍人员相信了他的说辞。他们为什么会相信他的说辞呢？因为这套说辞是可信的，TTSPARKS自己对此深信不疑。TTSPARKS大概连想都没想过，他在难熬的审讯过程中所交代的情况，其实只不过是个掩护故事。就算审讯官怀疑TTSPARKS是在执行情报搜集任务，他们会觉得，他只不过是因为一时糊涂而上当受骗，因此并没有犯间谍罪。说到底，TTSPARKS让他们相信：他并没有为外国进行间谍活动，而只是一个热心为法国公司工作的私人调查员，可他却连这家法国公司的名字都叫不出来。这只能说明，是别人利用了他的愚蠢，间谍案与他本人无关。

◉ 损失评估

TTSPARKS被释放不久后，立刻从广州给TTSEEK打了个电话，诉说了他被捕、被审讯及最终被释放的经历。他承认，他告诉了审判官TTSEEK的名字（化名），弗朗索瓦·杜·波依斯这个名字，以及该公司的名称（作为一个非法语者，虽然他尽力了，但还是无法完全记住，不可避免地篡改了这个虚构公司的名称）。他说，他还向警方描述了TTSEEK和杜波依斯的外貌特征，也交代了在海员俱乐部的第一次会面，以及之后其他的几次会面。

幸好使用了秘密谍报技术，损失评估结果表明，除了TTSPARKS用于联络TTSEEK的电话号码，没有任何蛛丝马迹能指出我是一名情报官员，或是一名间谍。没有任何一个秘密据点、通讯设备或其他特殊的中情局设备或人员被暴露。用于此次行动的电话号码立即被停用，TTSEEK被警告不准再次接触TTSPARKS。为了保险起见，所有与TTSEEK的牵连也都被友好地终止了。TTSEEK拿了一笔可观的解聘金，开始了他愉快的退休生活。作为一名基干谍员，他这次的失误足以致命，但掩护、化名这类的谍报技术使我们的信息源化险为夷。

最后，无论发生多么严重的安全事件，我们总会尽可能地保护信息源和搜情方法。

◉ 对于商界的教训

在商业领域中，保护信息源同样很重要，这与在中情局或在其他情报界并没有什么不同。孙子早在2500年前就意识到了保护信息源的重要性。他称他们为"神纪"，并认为他们是"人君之宝"。

我们再回顾一下第四章，大众对通用汽车所进行的工业间谍活动。为了获取通用汽车的计划、设计和方案的第一手资料，大众公司在通用汽车的内部安了眼线，但是却无力保护其线人洛佩兹的安全，最终酿成了一次惨痛的失败。大众的确得到了情报，可是疏于对洛佩兹的保护，于是最终还是吃了官司，不得不签署一份价值11亿美元的协议以达成和解。

在行动期间，如果大众董事长能在这次商业谍报活动中稍稍运用点基本的谍报技术的话，他可能早已经把所有的商业机密都偷到手，并且逍遥法外了。相反的是，大众的董事长指示洛佩兹和他的同伙以这种明目张胆的方式盗走数箱的文件，这样的疏忽大意注定了行动的暴露。此外，在整个行动中，他公开地与内线联络，完全不考虑他们的安全问题。之后，公司支付给洛佩兹高出常规标准的薪酬，这才招来公众（和警察）的怀疑。虽然他听从了孙子的教诲，阔绰地酬谢了他的消息来源 ——"相守数年，以争一日之胜，而爱爵禄白金，不知敌之情者，不仁之至也"，但是，他采用堂而皇之的支付方式，完全没有考虑到他们的人身安全。

洛佩兹及其同党的所作所为自然是非法的，他们受到法律的制裁，也是罪有应得。可这并不是重点。重点是，当一家公司雇佣了一个线人，它就有责任培养并保护那个线人。这就像下金蛋的鹅一样，一旦信息源暴露了，那么信息流也就随之枯竭。

11

企业和金融诈骗

一家公司如果想要提高净收入，它既可以挣钱以增加利润，也可以省钱以削减成本。但是，诈骗、盗窃及由此产生的诉讼，却可能给公司带来毁灭性的打击。在跳入火坑之前，如果能做一些常规性的调研，这些损失往往就可以避免，或至少也可以将其最小化。还记得那个黑暗房间里的"手电筒"吗？它不会移走任何障碍，但它会让您看见有哪些障碍。凡事预则立，不预则废。

◉ 诈骗的损失

欺诈行为在多个领域中崛起。某些人用假名字和假文凭获得了新身份；某些标榜自己有光辉业绩的公司，可能只是个花架子，或者只是个没有任何员工的"经理办公室"。某些所谓的风险投资家，假装能够提供所需的资金，而实际上，他们的真正目的是"预付费诈骗"。

如果不进行彻底的尽职调查，不法分子就很可能会侵害到公司的利益。即使最终被抓获归案，他们对公司所造成的损失却无法挽回。

最近，就有一家电信公司，因为引入了一位新的投资商而面临危机。那名投资商提供的资金几乎没有什么附加条件，所以该公司欣然接受了这笔资金注入，根本没有费神去调查那名投资商的背景——何必花这个精力呢？这家公司觉得自己可以低风险、甚至零风险地拿到他的钱，根本不可能会有什么损失。

一开始，这位投资人的确没有什么附加条件——他只要求了三分之一有表决权的股份和1%的投资回报。可是很快，公司和投资者之间的关系发生了变化。投资者对公司越来越感兴趣，而且公司也授权他接触公司运作上的专有资料——包括财务记录。利用这些资料和接近资料的机会，这个投资者将公司股票从总裁的名下转到了自己的名下。接着，他用到手的股票，开始恶意收购这家公司。当全盘控制了这家公司后，他又把这家公司推向了破产。

尽管手中有充分的证据可以证明那名投资人的诈骗行为，但数月的诉讼使公司付出了很大的代价。最终公司总裁只好付给这个骗子300万美元，以买回他的公司。

虽然这位总裁现在已经重新夺回了对公司的控制权，可他白白将300万美元拱手相送；另外，还花费了300万美元的诉讼费用。该诉讼还在进行中，随之而来的是不断增多的账单。而且目前，该公司仍在根据《美国破产法》第七章申请破产保护。

● 预付费诈骗

一家新成立的小公司正在寻求融资，它一共觅得了四家愿意对其进行风险投资的公司。其中三家是众所周知的老字号了；而第四家却是个年轻的公司，由几个曾在知名企业工作过的人组成（但他们并没有这方面的履历）。因为这家公司比那些老牌企业的条件更优惠，也因为这家小公司更愿意和这个年轻的公司合作，所以，他们更倾向于这家新兴的创业投资公司。

一开始，这家投资公司先向这家小公司索要了5000美元的申请费，并解释说，这笔前期资金最终将会算到给他们的融资之中，这是行业惯例。第一个预警信号出现了——什么地方有点儿不太对劲。

紧接着，这家年轻的风险投资公司开始变本加厉地索取申请费、手续费、"尽职调查"费，同时，他们又不断地拿出银行材料或其他文件材料，证明贷款已经快要成功。

这家风险投资公司的负责人每一次出差，前往欧洲拜访潜在的资金源，在这期间所产生的商旅费用，都由这家小公司承担。在预付款和其他开支上，这家小公司一共花了近5万美元。而就在此时，这家风投公司竟从他们的视线中消失了。手机无法联络上，办公室也搬空了，就连公寓也空无一人。

事后证明，在这家风投公司里，根本没有一个人有融资经验。他们只是胡编了一套光鲜的工作经历，而且打赌没有人会去核实（他们赌对了）。那些骗来的前期资金，根本没有半毛钱被用在筹资上，所有与资金拨款相关的文件也都是伪造的。这次的经济损失（以及为了追逐不存在的资金所浪费的时间和精力）差点把这家小公司打垮，他们只得拿房产做二次抵押，继续苟延残喘。

一般而言，当潜在的贷款人以任何理由索要前期资金的时候，那么就基本可以断定：这就是一个预收费阴谋。合法的贷款人和经纪人，不会预先收取任何前期资金，只有在贷款交付时，他们才会收取服务费。

那些在正常渠道中难以获得贷款的个人和公司，很容易成为这类诈骗犯的猎物。为了收取贷款手续费，骗子们常吹嘘，自己能从一个知名的大型贷款机构那里，弄到一笔"担保贷款"。中间费用一般会按总贷款额的百分比收取。一百万及一百万美元以下的贷款，一般收取5%的费用，贷款金额越大，收取的百分比越低。

首先，我们该问贷款经纪人，为什么我们就不能直接和那些可能会放贷的机构交易呢？由于这样或那样的原因，他的回答永远是"NO"。他可能会告诉你，经纪人与贷款人之间有特殊关系，如果你直接与他们联系，这笔交易肯定会失败；或者，经纪人会以保密作为借口，拒绝透露贷款人的名字。其次，我们该索要一份已收到货款的接受人的名单。在这种情况下，骗子通常会拒绝这个要求，又或者，他们也许会去伪造一份写满了"托儿"的名单。

总之，无论何时，只要对方要求预先付款，而且还紧催慢赶又神神秘秘的，那么你最好当心点了。一旦骗子拿到了钱，他可能会直接消失，也可能会继续吊着你，向你要更多的钱，再给你越来越多的理由，解释为何贷款一再延误，与此同时，他还骗着其他像你这样的人。

◉ 其他形式的公司诈骗

两三年前，一个香水公司的执行官联系到CTC国际集团，说他接到一个匿名举报，称该公司的一名高级官员偷盗库存商品，并倒卖给一家特价香水经销店。于是，我们安排了一名法务会计师去调查事件的真相。 在对公司记录进行了几个星期的缜密调查之后，终于在一份仓库存货清单中，发现了一处纰漏。 顺藤摸瓜，法务会计师将注意力集中到了库存问题上。最终查明，这宗大型的仓库偷盗案的罪魁祸首，就是这家公司的一位副总裁。这位副总裁原先是一家小型香水公司的老板，他的公司被现在这家香水公司收购之后，他也顺势当上了这里的副总裁。这起偷盗案给公司造成的损失，大约高达几百万美元。

我们前面所讨论的工业间谍和经济间谍，也属于商业诈骗。

曾经有一家制药公司花了数百万美元和六年多的时间来开发一种药物。在项目的最后阶段，他们聘请了一位韩国科学家。 这位科学家接受的是美国教育，在这块领域中也很受尊重。他也的确为这种药物的研发作了很大贡献。但是，就在这个药物将要大规模投产的前夕，韩国突然宣布，它们已开发出了类似的药物，而且会比美国公司提早一个星期投入生产。制药公司开始怀疑那个韩国人，并展开了内部调查。调查结果显示，正是这个韩国科学家以75000美元的价格把该药物所有的专有信息都卖给了韩国。

◉ 进一步说金融诈骗

越来越多的人想要增加自己的财富，他们急着要将自己手中的闲钱交给经纪人，期望这些经纪人能够带来高额的回报。这就使得金融诈骗犯有机可乘。具备金融市场知识的人会发现，其实编造虚假的投资机会，再诱使投资者上钩是相当容易的。他们说着专业的金融术语，编造虚假的投资收益，伪造文件"证明"高额回报。 这些文件和其他证据看起来那么可信，不仅缺乏经验或蒙昧无知的投资者会上当，就算是精明懂行的投资者也难逃陷阱。而后面这些人其实也在无意中推波助澜，因为，一旦他们参与其中（他们也进行过不够尽职的"尽职调查"），其他不懂行的人会觉得，那些骗子的确很值得信任。

尽管这些骗子们行事圆滑老练，但是，专业的尽职调查总能发现一些蛛丝马迹。 至少也能发现，这笔投资的风险，远远比原先以为的、或描绘的更加大。专业客观的尽职调查，是唯一能保护您的投资的方法。

另外，由于所涉及的资金数目巨大，这些诈骗也令人难以相信。因为媒体的大肆报道，所以像马丁·弗兰克尔[①]这样的人才会妇孺皆知。事实上还有很多案例并不为人们所知。许多受害者并不向当局报案，因为他们不好意思说自己被骗了。他们觉得很丢脸，与其谴责设下骗局的人，倒不如怪自己"愚蠢"。诈骗案一般都策划得十分精妙，伪造的文件证明也都滴水不漏，如果没有专业的帮助，潜在投资者很难验证其真伪。

一般而言，诈骗案的幕后主使都很有魅力，他们有体面的个人资料，也并不急吼吼地催你赶快投资，但他们会向你暗示，这项投资项目是独家的。他/她甚至可能会鼓励潜在的投资者，让他们随意展开调查（当然，骗子们并不希望他们真的去调查，或者即使去调查，也只是敷衍了事）。

就算潜在投资者发现有什么违规行为，骗子也会巧妙地敷衍搪塞过去，并假惺惺地建议说，如果他们感到不安，大可不必投资。某个损失惨重的受害者说："怀疑他让我觉得很内疚。他一再告诉我，也许这类投资并不适合我，既然我对所发现的问题有所疑虑，那么我完全可以不参与这项投资。他还建议，我应该去寻找一个更安全、更低回报的投资项目。可他的这些话却让我更想投资。"

◉ 马丁·弗兰克尔案

马丁·弗兰克尔之所以会获得国际社会如此之多的关注，主要有以下几个原因：他所侵占的巨额钱款（初步估计接近30亿美元）；他奢侈的生活；以及他从本国的逃亡（这场逃亡引得调查员们开始了一场闹剧般的追逐）。这正是新闻和八卦的好题材。

弗兰克尔经营着一个巨大的骗局，他本应把钱投向保险公司、梵蒂冈和几个主要的保险监管机构。这是一个成功运行了七年的谎言：通过创建假报表，他虚报了投资利润，与此同时，他还秘密地将钱转移至自己的离岸账户，以此来支撑他穷奢极欲的生活。弗兰克尔并不是因为生意失败而赔了钱，事实上，除了他的银行账户之外，他根本就没有将钱投到过其他地方。

当得知弗兰克尔是个骗子的时候，那些投资人们惊呆了。他们普遍认为，弗兰克尔是个诙谐风趣、机智迷人的人。他们说，他从来不强求，而且总

---

① 马丁·弗兰克尔，美国金融家，于2002年因保险欺诈、敲诈勒索和洗钱等行为被定罪。

会提供他们想看的任何文件。

然而通常就是这样。有明显的迹象可以表明，弗兰克尔先生并不像看起来那么清白——可惜，没有人想到要去核实。

早在1991年，弗兰克尔就被指控诈骗投资者，并被法庭下令支付975000美元的赔偿金。1992年，又有投资者指控他诈骗，美国证券交易委员会（SEC）吊销了他的股票经纪人执照，并且禁止他再涉足证券行业。

在他最近的骗局之中，也可以找出明显的危险信号：他的公司既没有注册，也没有执照；所谓的"公司地址"其实是他的家庭住址；此外，他花在高价奢侈品上的金额，远远超过了他所公布的收入。为了混淆视听，并疏远他以前的记录，弗兰克尔在新骗局中频繁地更换假名，但即便如此，仍有不少线索能将这些假身份串接起来，比如说不变的社保号码。

一个受害者认为，在投资期间，他理应看到了危险信号，不过，正如他自己所说："很遗憾，我被贪婪蒙蔽了双眼。"

◉ 斯蒂芬·史密斯

1999年在佛罗里达州，斯蒂芬·史密斯由于运行了一个狡猾的"庞氏骗局"[①]而被逮捕：表面上，他是在为油井项目招募新的投资者，而实际上，这些钱一部分直接被他私吞（根本没有什么油井项目），另一部分则用于支付早期投资者的红利。

仅仅数月的时间，史密斯先生就已经成功说服了好几个人拿出数十万美元，投进了在得克萨斯州休斯敦市的"油井"项目。一位投资者说，他一直认为史密斯先生很可靠，史密斯甚至还邀请他参观了油井。他带着这位投资者乘坐直升机俯瞰油井，还给他展现了完美的生产记录和利润记录。那个投资者说，在见过面之后，他个人非常地喜欢史密斯先生。当他发现史密斯先生名下居然没有任何油井，也从未投资任何一个油井项目、或其他项目时，他十分地震惊。显然，那些记录都是伪造的。

其实，只需提前作基本的背景调查，这些上当的投资者就能避免大量资

---

① 庞氏骗局，又称金字塔骗局，这种金融诈骗以超高的收益诱人投入资金，然后再以新加入的投资者的钱向之前的参与者支付收益。一旦后跟进的资金不足以支付收益，该骗局即被揭穿。

金的损失，而不是等损失造成后，才想起去做调查。

事后调查发现，早在1989年，史密斯就因为类似的庞氏骗局案，在他的家乡佛罗里达州被逮捕。他被指控的罪名还包括：19项因使用虚假财务信息以获得贷款和信贷额度而被判重偷窃罪，1起敲诈勒索，2项有组织的诈骗，122项销售非注册证券，和122项电信行骗。这些罪名加在一起共判处了他15年监禁。在那场骗局中，史密斯从大约700名投资者身上共骗走了1.25亿美元，其中竟然还包括他的祖母。服刑了仅仅4年之后，他就被释放了，但是法院严令禁止他从事任何理财咨询活动。尽管如此，他还是忍不住重蹈覆辙，如今再次锒铛入狱。

补充一点，当他于1989年被捕时，史密斯在4个洲有总价值约为1.6亿美元的若干套房产；3900万美元的保险单；总额超过200万美元的7个银行账户；珠宝；2辆奔驰汽车；4艘船；6辆其他汽车（包括3辆阿斯顿马丁）和一架罗克韦尔国际公司的喷气式飞机。此外，他还拒绝与负责此案的破产管理人合作。这个骗局中，至少还有1500万美元不知去向。虽然他承认在百慕大和中东有离岸账户，但显然无人对这些线索进行深入地调查研究，我想，只有史密斯本人才清楚那1500万美元的藏匿之处。

◉ 艾尔·坎宁安

大国际教会事工的领导人艾尔·坎宁安，在1999年9月被当局逮捕。坎宁安被指控运行了一个庞氏骗局，他用骗来的钱在加勒比地区建立了一个武装据点。这个教会组织扬言，他们供给追随者一个"独一无二的机会"投资"加勒比市场"，让他们收到"高于平均的回报"。

坎宁安利用他所谓的宗教背景引来投资者。有个被骗了几千美元退休金的人说，是否该查看坎宁安的个人资料，他对这个问题一直犹豫不决，因为坎宁安是一位"穿着教士服的人"。此外，他不但会提供银行对账单和印刷精美的小册子，而且，当投资人初次向他咨询有关投资的建议时，坎宁安总是假装拒绝为他们服务。通过这样的小伎俩，令投资者更想投资。

此案的调查员表示，至今为止，他们仍然不知道坎宁安到底骗走了多少钱。但在行骗的那段时间，他购入了许多物资。他曾计划要购买两个各价值数百万美元的加勒比岛，以及大量的榴弹发射器、地雷、机枪、霰弹枪、狙击步枪、手枪、防弹背心、侦察气球、雷达系统和塑料炸药。

果不其然，坎宁安非但没有合法的宗教背景，而且还有多次被捕记录。这些记录在公共法院都有据可循，任何人都能阅读这些记录——只要你想调查。可不幸的是，直到人们发现被骗了之后，才想到要去查阅有关坎宁安的背景资料。

◉ 其他案例

金融诈骗十分猖獗，案件的类型也五花八门。这类的案件多为国际金融诈骗案，这就增加了美国当局逮捕罪犯的难度。而且，打着国际性的金融投资的旗号，也更能吸引投资人。

最近就有这么一个案子：有人被一位来自阿根廷的国际骗子给骗了。这个阿根廷经纪人自称，他隶属于一家著名的美国银行和经纪公司。受害者的一个朋友（也是本案中的受害者）已经从那位经纪人那里获得了十分可观的利润回报（书面显示，他的投资组合已经从投入时的400万美元，到现在差不多1300万美元），这个成功的案例促使这名新的投资者迫不及待地跳入了火坑。

但在把钱交给那名阿根廷经纪人之前，投资者还是决定去阿根廷打探虚实。他去阿根廷拜访了那名经纪人，与他共进晚餐，还参观了他的住所和办公室，见了他的妻子、孩子和狗。而且，他还在银行会见了那名经纪人"在银行工作"的合作伙伴（不幸的是，所谓的"银行会面"就只是在大堂里握了个手而已，随后他们就离开那里，到当地的一家餐馆去吃午饭了。投资者从来没有去过那个"银行家"的办公室。事实上，那个人和银行没有任何关系。他递出的名片是真的，但这张名片属于另一个真正的银行官员，而不是他本人。那名同伙只是选了个与真正的银行官员的名字相同的假名）。

通过此次考察，这名投资者深信这次业务是合法的。返回美国后，他立刻把钱汇给了那个经纪人。在之后的两年中，他陆陆续续地汇给那名经纪人550万美元。每两个星期，他就能收到一份印在合法经纪公司的信笺上的财务报表；每个月，他还会收到一份印在合法银行信笺上的财务报告。他也从来没有和经纪人断过联系。

经纪人和投资者成了亲密的朋友，投资者将经纪人介绍给他的朋友和家人，包括他的母亲。

两年后，对方告知他，之前550万美元的投资已涨到1100万美元以上。就在此时，投资者收到了一封匿名信，信中警告他说，那名经纪人其实是一个名副其实的骗子，并建议他立刻将钱从那个基金中抽离，能取多少就取多少。投资者立即聘请了私家侦探调查此事。那位侦探很快发现，经纪人和他的同伙，这二人与那家合法的经纪公司或银行之间，没有任何关系；他们也没有任何贸易许可，投资者收到的报表都是伪造的。经纪人从未从事过投资行业；相反，他侵占了这一切。他把钱存进了自己的离岸银行账户。在他运行骗局的整个6年来，他在布宜诺斯艾利斯的生活一直保持低调而朴素。

如果他不因诈骗罪行而入狱（考虑到在跨国起诉的昂贵成本，这位经纪人的确有可能不会被控告），那么这位诈骗者将有充裕的时间花他积攒下来的赃款。仅从这两个投资者这里，他就骗了差不多有一千万。当这名投资者要求撤资的时候，他根本就拿不到钱；他唯一得到的东西，就是整整3个月的承诺和借口，然后便杳无音信。

让我们看看另一个案例：一位巴西的企业家声称，有一个秘密项目可以获得非常高的回报，而且只让"被选中的投资人"参加。一名潜在投资者核对了经纪人的参考资料，也收到了许多有关该项目的信息。这使他确信，这的确是一个"千载难逢的机会"，而且定会大获全胜。然而，在继续之前，这个聪明的投资者还是找人对这个企业家和他的团队做了一个专业的尽职调查。他真心相信，尽职调查只是走个程序，根本不会有任何问题（真希望的确是这样），但事实是残酷的。

尽职调查的结果使他惊讶而又失望，这个企业家并未获得进行证券交易的授权，他的公司也没有注册。除此之外，他还曾因为类似的投资诈骗案而被捕。

类似的例子不胜枚举。这实在令人吃惊，有那么多人会为了相机、家具、衣服这一类小东西，跟别人吵架、讨价还价、货比三家；但是，为了"迅速致富"而要投资数百万美元的时候，他们却如此心甘情愿，将他们毕生的积蓄送给那些无良的骗子。

◉ 保护自己免受欺诈

毫无疑问的是，近年来，金融诈骗的犯罪率呈上升趋势。尽管法律已经制裁了一部分诈骗犯，但是，还有更多的漏网之鱼和一些蠢蠢欲动的不法分子存在。诈骗是有利可图的，而且很容易得逞，在电脑上就可以伪造证件，这造成了越来越多图谋不轨的人走上了金融诈骗的犯罪之路。

仅仅与主要负责人见个面，是没有办法看穿骗局的。他们往往非常聪明，迷人又有风度。一个被骗了数百万美元的人说："他不像那些二手车销售员，非要强制推销。我真的很喜欢这个家伙。"他们能够捏造大量的参考资料和一流的文凭证书；还可以出示大量的文件，以"证实"项目或战略的价值。无论潜在投资者要看什么资料，他们都可以提供。这样才能达到诈骗的目的，即说服别人拿出钱来。

保护自己免受金融诈骗的最好办法就是，在投资之前，对相关的个人和公司进行专业的尽职调查。除非你确信，与你打交道的是一家有诚信的公司，那么才可以跳过调查步骤。否则，不预先进行调查可能意味着整个投资的失败。

◉ 信誉成本

除了金钱损失以外，诈骗还经常造成个人或公司的信誉损失。与经济损失一样，信誉损失也会带来灾难性的后果。而且，这通常比单纯的钱财损失更难挽回。下面就是几个鲜活的例子。

一家高科技公司聘请了一位副总裁。这位副总裁名声响亮，似乎也有过硬的文凭。在他上任6个月之后，他宣布，他已经和一家日本公司谈成了一笔计算机设备的买卖，而且，还和一家知名的欧洲企业谈妥了独家合作协定。为了赶工生产日本公司的订单，这名副总裁一味地追求生产进度，却要求工人偷工减料，结果导致产品质量均不合格。日本退回了所有缺陷产品，并针对该公司发表了措辞严厉的声明书。

与此同时，欧洲企业宣布，他们对与这家公司的合作事宜毫不知情，并对这家公司敬而远之。由于出口日本产品的糟糕质量，这家公司失去了许多现有的合同，不得不申请破产保护。由于欧洲企业的这份公告，联邦政府对该公司展开了调查。调查使得公司的又一严重问题暴露：为了刺激公司的股票增长，这家公司进行了股票操纵。这让公司的信誉进一步受损。

尽管该公司的其他高管并未参与此事，但此次事件给公司最高层的三位管理人员带来了致命的打击。他们从此身败名裂，在这个行业中再无容身之地。而且，由于借贷无门，这三人也难以东山再起。对于副总裁的违法行为、劣质做工以及股票操纵等一系列的卑鄙行为，作为最高管理人员的他们也难脱其咎。

在另一起案件中，一家与政府有合作的计算机公司，雇佣了一家清洁公司为办公室做清洁。可不久之后，计算机公司接到了联邦调查局的电话，说有人利用了公司办公室的电脑，访问了一个受保护的政府网站。公司立刻对此事展开调查。调查发现，一名清洁公司的员工，曾擅自入侵了一个相对不保密的公司网站，找到了一列政府网站的访问密码。那位"黑客"想用这些密码进入政府的机密网站。其实，那位"黑客"根本没有看到什么机密资料，他可能纯粹就是为了好玩，想看看自己能不能做到；也可能的确是冲着机密文件而来的。总之，保防工作上的巨大漏洞让政府再也无法信任它，不但撤销了现有合同，还将其列入了"黑名单"，这家公司以后将不会再有任何机会与政府机构合作。

再看一个例子：一家医疗公司聘请了一位新总裁。这位总裁声称，自己在医疗领域已有二十五年的工作经验，还吹捧自己是医疗植入物的专家。头五年还算太平，之后麻烦就来了。一个病人在接受了该公司的植入物后，身体受到了严重的伤害。美国医学会开始大规模地调查此事。调查发现，那位总裁伪造了他的文凭和履历，实际上，他只在医学院上了一年的学。

由此事所产生的医疗事故纠纷案，把公司财务逼到了崩溃边缘。但更大的灾难还在后头。他们在医疗领域信誉扫地，所有的产品（无论是否与新总裁有关）都被撤出了市场，因为这些产品与严重事故画上了等号。

◉ 失去的机会成本

另一个难以衡量的损失，是机会成本的损失。有这样一个案例：美国的一家公用事业公司了解到，墨西哥政府正在寻找一位美国合作伙伴。这笔交易似乎很适合这家公用事业公司，但是他们却苦于没有与墨西哥打交道的经验。认识到这一软肋，公司聘请了一名墨西哥顾问。这名顾问在简历中写明他与墨西哥执政党有内部联系，而且曾在国有公共事业公司担任高职。

公司付给这位顾问丰厚的薪水，并承诺，如果赢得了合同，他还将得到一笔可观的奖金。经过6个月的紧张谈判后，墨西哥政府决定与另一家美国公司合作。虽然对落选很失望，但这家公用事业公司还是认为，他们的顾问已经尽其所能地为公司争取过了。他们以为，之所以没有被选中，只不过是因为另一家公司提出的条件更加优惠。

然而，几个月后，这家公司却愕然发现，墨西哥政府从来没有收到过他们的书面提案。墨西哥根本不知道还有这家公司的存在。他们这才想起，要对那个顾问进行背景调查。结果发现，他不但谎报了文凭，而且也没有他所说的那么神通广大。这名顾问根本就是个十足的江湖骗子。

这名顾问所提供的书面报告和大量文件使该公司相信，他正在积极地为公司争取利益。但实际上，他把商务旅行当做了带薪假期。他并未利用出差机会为公司尽力工作。这家公司的董事长认为，尽管公司遭受了相当大的经济损失，但最大的代价是失去了与墨西哥合作的机会。

◉ 身份盗窃

欺诈行为已经渗透进个人隐私领域。根据隐私权信息交流中心的记录，身份盗窃已经成为一不容忽视的问题——特别是在美国。窃贼从毫无防备的人群身上获取他们的个人信息，然后使用假的驾驶执照、假的信用卡和假的支票，从受害者的银行账户里提款，或者使用他人信用卡购物。

留给受害者的，只有被毁的信用和大量的债务。而且，那些不翼而飞的钱也根本无法追回。在最近的一个案例中，两名旧金山男子使用伪造的证件，窃取了五百万美元。尽管他们最终被逮捕了，但追回的赃款却只有约78000美元。还有一个例子：一名被判纵火罪和谋杀罪的罪犯，假借了起诉他的律师的身份，逃过了当局的追捕。

有的时候，在恋爱关系中，当事人还会编造假身份，或者美化自己，使自己看起来更优秀、更迷人。例如，有一位女性已与一男子交往数年。可有一天，这位男士却突然失踪了。她忧心如焚。几个月的时间里，她尝试用各种方式来找寻失踪的男友，但都未能找到他的下落。

无奈之下，她只得聘请了一个私人侦探。结果侦探发现，那个男人早已是有妇之夫。而且，他们用来幽会的公寓离他的家庭住址只有几英里远。他用假名租下那套公寓用作婚外恋的场所。他的离开只是为了结束这场关系。

◉ 结论

以上的故事都不是特例。类似的事件每天都在上演。其实，掉入陷阱的公司或者个人并不无知，也不愚蠢。相反，他们基本上都是千锤百炼、饱经风霜的生意人，他们从来没想过，自己也有被愚弄的一天。

一位执行官说，以前他一直依靠自己的直觉来判断事情，从未有过失误。直到他的助理在几个月内盗用了超过10万美元的时候，他的完美记录被打破了。他认为自己还算幸运，至少在她造成更大的损失之前，还能够亡羊补牢。也许99%的时候，直觉都是对的，可只要它错了1次，其后果就不堪设想。

通过专业的尽职调查能够得出精确的企业评估。这包括公司的历史、业务记录、诉讼记录、资金实力、信誉、主要官员的概况，以及整体评估该公司的经营能力。

背景调查也能提供类似的个人材料。包括个人历史、工作记录、民事和刑事的记录、未决诉讼、就业历史、个人和职业声誉、财务状况、个人资产、留置权、判决记录、破产记录和性格评估。

保持怀疑精神！不要只看表面。特别是当事关金钱的时候，你要做的准备工作就是——核实。

12

员工的弱点

企业总是花更多地心思去琢磨那些会贬值的设备。殊不知，员工才是公司唯一的可升值资产。要知道，企业寄予厚望的员工也可能与公司反目为仇，使得公司惹上一身麻烦，比如：来自竞争对手的攻击和昂贵的诉讼费用。开明的雇主在挑选和管理员工的时候，都十分的谨慎。他们深知，水可载舟亦可覆舟。

来自菲尔斯联营公司的帕特里夏·菲尔斯，是人力资源领域的一名专家。下列所述大部分，都直接取自她的意见和评论。

◉ 招聘过程

菲尔斯女士说，要抓好招聘过程。负责招聘的人士有责任为公司招选和留住合格而又讲诚信的员工。从最低薪的工人到高层主管，不论工作岗位的层次高低，其候选人都应经过严格的筛选。招聘开始之前，首先要确定每个岗位的应聘条件，包括教育、培训和工作经验。通过审查和筛选求职申请和个人简历，刷掉那些不符合招聘岗位的最低要求的人。与申请人进行简单的电话交谈也是不错的选择。这种电话谈话的方式不仅省钱省力，而且这可以省下面试不符合条件的应聘人员的时间，所以，这个方法不仅符合成本效益，还降低了潜在的法律风险，减少了面试到不合格者的几率。

确定了初选合格的名单后，就应着手安排面试。面试官应该清醒地认识到：在面试过程中，什么是能问的，什么是不能问的。许多好心的面试官，为了确定申请人是否是公司想接纳的新成员，所以想了解他们的个人信息。这往往是好心办坏事。

在招聘员工时，某家大型机构的一位高级执行官，就很看重求职人员的家庭及信仰状况。在面试时，他会仔细盘查这类违背隐私法的私人问题。假如，在经过这名执行官的面试后，其中一名应聘者获得了核心管理职位的工作，那么之后，她也很可能会谢绝这份工作。理由是，她无法忍受面试中对个人隐私的盘问，也不愿为这样一个目光如此短浅的机构工作。她会觉得，这家机构无视法律的存在，也不顾求职者的感受。这也许意味着，公司日后的决策也将会建立在这种理念之上。

其实，许多面试官想知道的私人信息，根本与工作能力无关。也不可能由此预判出申请人的工作表现。更糟糕的是，如果问了这些隐私问题，还可能招来某些心怀不满的申请人的诉讼，就算他们被录取了，也可能一纸诉状将公司告上法庭。如果对面试中的法律陷阱没有清楚的了解，而问出了有关年龄、性别、种族、宗教、婚姻状况、残疾和其他被法律保护的问题，那么在不经意间，面试官就将公司推向了歧视诉讼。

◉ 核实个人材料

菲尔斯女士建议，一旦有了理想的候选人，在最后下聘之前，一定要核实他／她的参考资料。个人材料记录了关键的工作业绩信息，这能给将来的工作表现做个参考，也能避免申请人对其他员工、客户或供应商的潜在风险或威胁。事实上，为了保护公司的其他员工，聘请法则提倡以诚意的方式来获得个人背景资料。背景资料的核实过程中，还应与申请人过去的雇主和直属上司联系，来核实他过去的工作经历。

个人隐私没有什么参考价值，因为它们并不能和工作表现挂钩。此外，任何可能会提供负面信息的人，通常不会被写在履历中。因此，雇主必须深入挖掘，查出申请者的缺点和潜在的问题。在关键的行政职务和敏感领域工作的所有员工，都应该接受全面的背景调查。

菲尔斯女士警告说，对书面推荐信也要留个心眼。要复制或者弄到前雇主的信笺并不难，所以，工作参考很容易作假。应该打电话给落款的人，以核实信息，并提出进一步的问题。

如今，大约三分之一的简历或者文凭，都经过了篡改或伪造。学院和大学学位常常弄虚作假，工作经历往往言过其实。因此，学位的核查非常重要。可以通过电话，向学院或大学提供申请人的姓名和社会安全号码，以查实他们的学历。教育机构可以验证学位是否已经获得；如果确实取得了，还应该验证这个学位的类型（在简历上，应用科学准学士往往被篡改成了应用科学学士；应用科学学士经常升级为应用科学硕士）和颁发日期。

菲尔斯女士还举了一个例子。一家"财富"500强企业要为某个部门招聘一名高级财务人员。公司在当地一份报纸上刊登了广告，写明了主要的工作责任和经验要求，并指出，学士学位是首选，有经验者优先。其中有一个申请人看起来似乎很理想。他的申请表和简历上写着，他从沃顿商学院获得了硕士学位，并有十五年的专业经验。他在面试中的专业回答，以及他的学位令人印象深刻，用人单位决定聘用他了。

然而，在核实个人材料的过程中，沃顿商学院的检查结果发现，此人只获得了一项为期两年的副学士学位。面对这样的差异，申请人说，他获得硕士学位已经是很久以前的事情了，学校的记录可能还没有更新过。雇主承认的确存在这种可能，于是要求申请人出示他的硕士学位和成绩单记录的副本。申请人回应说，在最近一次搬家中，他把学校记录弄丢了。他还提醒雇主，反正在这个职位上，学位也不那么重要，所以并无大碍。

不用说，申请人未被聘用。他谎报了文凭。雇主考虑到，既然他在学位的问题上撒谎，那么又怎能相信他在日后的工作中会是一个有诚信的人呢？这是一个事关诚信与人品的根本问题。

◉ 关于核实个人材料的最后结论

菲尔斯女士认为，公司的管理人员不应该给任何新老员工提供口头或书面的推荐信。无论是前任的员工，还是现任的员工，所有的此类请求都应交由人力资源部或公司内其他专业人士处理。只有在提供推荐信方面受过训练的人，才可以为银行、贷款机构、信用卡公司、学校和将来的雇主提供这样的敏感信息。如果不这样做，可能会将公司送上法庭。即使是人事部的专业人士，也可能会出岔子。而且，这类信息的外泄很可能会给公司带来麻烦。严格控制对这类信息的访问是非常重要的，员工应确认，公司的确是这么做的。

菲尔斯女士引用了最近的一个案例：一个大型高科技公司的人事部职员，接到了美国捷运公司的一个电话。来电者说，贵公司的一位员工因为最近加了薪水，所以想申请更大的信用额度，他打电话来核实一下这位雇员目前的薪金状况。这个人事部职员肯定了加薪的事实，而且还透露了他的升职以及加薪的生效日期。几天后，这个雇员怒气冲冲地来找这位人事部职员，并告诉他，那电话根本是他妻子的律师打来的，其目的就是为了要把他带回法庭，以要求更多的赡养费。

比较可行的政策是：员工应该在收入证明上签字认可，证明由公司留存。

◉ 工作邀请函

遵守一个简单的规则：不要做出无法实现的承诺。菲尔斯女士说，无论是口头或书面的工作邀请，都应明确说明生效日期、职称、直属上司、部门名称、起薪和相应的员工福利信息。一般而言，薪金数字应该写员工一次性会领到的薪水，而不是年薪。比如，一个雇主每周支付雇员400美元，那么就该写："周薪为400美元。"通常，雇主在邀请函中写的都是年薪，这就意味着，如果两个星期后，这些新雇员被解雇了，那么雇主还欠他们50个星期（一年大约有52个星期——译者注）的工资。这份工作邀请函可以写："年薪为20800美元。"而不该写成："薪水为20800美元。"这听起来可能过于谨小慎微，可如果不这么写，就会被许多人抓住把柄。

雇主也不能随便做出晋升的承诺。告诉求职人员他们有很大的升职机会是件好事，但是这些谈话应该很笼统，不应该以公司的名义来承诺什么。

这里就有这么个例子：一家大型制造公司想要聘请一位专业人士。过了一段时间后，终于找到了一个令他们满意的申请人。如果要这位专家来到该公司工作，他就必须得搬到2000多英里以外的地方定居。为了让他接受这份工作，该公司的一位部门经理告诉专家，预计明年自己将会升职，而他将成为部门经理的接班人。于是申请人接受了这个职位，举家搬迁，开始了他的新工作。

但是，在接下来的一年中，经理才开始意识到，这位专家并没有管理整个部门的能力。其他员工也都抱怨说，该专家不乐意与团队一起工作。所以，当部门经理升职之后，他开始另觅继任者。

消息一经传出，那个落选的人就出现在了经理面前，当面质问并索要这个职位。经理解释道，部门经理的职位并不适合他。这个员工提醒经理说，这次升职是招聘过程中所承诺的。员工要求，要么让他当部门经理，要么给他一年的薪水当做遣散费，除此之外还应支付他持续的健康福利和失业补偿金。他还提醒经理，因为经理之前做出的升职承诺，他才决定举家搬迁到这么远的地方。而且，他和他的家人在这次搬家中损失不小，他的妻子辞去了之前的管理工作，而且他们在卖房子的时候亏了一大笔钱。

部门经理好比给了这个员工一把枪，还为他上了膛。可想而知，为了避免吃官司，公司会给这位专家他所要的一切。这是一个代价高昂的错误。

◉ 聘用合同

所有在敏感岗位和关键岗位工作的员工，都必须和公司签署聘用合同。竞业限制条款更是应该被慎重考虑。该条款规定，在某一特定的时间、特定的地理区域内，该公司的员工禁止为其他竞争公司工作，也禁止隶属于其他竞争公司。关于遣散费的支出和继续福利条款，也应精心处理，同时，还要考虑可能会引发此类遣散福利的具体情况。由于聘用合同中的解聘条款语焉不详，有些由于业绩不佳而遭到解雇的员工，仍然可能得到公司支付的遣散费和其他福利。在起草聘用合同的时候，应当咨询律师。

◉ 竞业限制协议

不管是包含在聘用合同中，或者是作为一份单独的协议，所有在关键岗位工作的员工，都应该签署竞业限制协议。尤其在软件开发和高科技产业中，更应重视竞业限制协议的签订。这份协议应限制员工的某些具体的行为，包括与竞争对手暧昧不清，或者隶属于竞争对手。并且应该禁止他们私下为雇主的客户或竞争对手做任何工作。

竞业限制协议的时间限制一般为一至三年。当撰写聘用合同时，公司应该咨询法律顾问，以便了解在目前的法律环境中，公司执行协议条款的权利。

◉ 保密与不外泄

与员工沟通保护商业机密的重要性，是雇主的责任。雇主还应该说明，任何的违规行为，都将被追究到底。机密信息包括但不仅限于以下内容：

财务信息	工资信息
人事信息	电话咨询
客户信息	警示代码
合同价格	计算机安全代码，源代码

从事机密信息工作的员工，应接受定期的保密指示和培训，以帮助他们了解保护公司机密的重要性。而且，在有外人问起相关问题的时候，他们也能知道该如何应答。要时刻提醒他们，只要披露了公司商业机密（哪怕只是间接泄露信息，且并未从中获益），就会受到纪律处分，甚至可能会被解雇。职员应该了解，这些保密制度是永久的，没有时间限制。

◉ 以公司之名

所有员工都应该明白，只有某些特定的人才有权利以公司的名义签署合同、达成协议。除非有明确的书面授权，否则，公司员工没有权利以公司的名义承诺任何口头或书面合同。

◉ 发明合同

在必要的时候，还应签署发明合同。在员工被雇佣期间，任何形式的发明（包括软件）、任何发明物的版权，都应归公司所有。拟定发明合同的时候应咨询法律顾问。

◉ 积极的员工关系

对所有雇主而言，与员工保持积极的关系是至关重要的。心怀不满的员工只会起到反作用，他们可能会在暗中蓄意破坏公司的心血。无论劳动力市场状况如何，人员流动的代价都是昂贵的。研究不断证明，员工是否愉快、雇员更换率与不善的管理，这三者之间有直接联系。

菲尔斯女士认为，积极的员工关系从面试时就开始了，它会影响整个聘期。真诚透明的交流至关重要。从一开始，雇主就应该在口头上和书面上与员工沟通清楚，雇员可以从公司得到什么，以及公司对员工的期望。

如果仅仅是一个口号，那么积极的员工关系难以实现。这是一个持之以恒的过程，要由每一位管理人一起去实现。如果公司希望员工忠心，那么公司的领导就必须忠诚而敏锐。 出色的领导力就是，让员工发挥出最大的潜力，并且专注于共同的目标，在这样的工作环境下，激励他们的成长。

但是，在管理员工的时候，也有必要采取一定的惩戒措施，以及时、公平的态度解决工作中出现的问题。总之，菲尔斯女士竭力主张，公司的基本原则应该是：支持积极的员工关系，并避免非法解雇，以及其他昂贵的与聘用有关的诉讼。

● 商业道德

雇主有责任在商业行为上保持最高的标准，并将工作时遵守商业道德的重要性认真传达给每一位员工。从最初的面试开始，到整个聘期，再到最后的离职面谈，商业道德问题应该是被持续讨论的。菲尔斯女士认为，公司政策方针、手续、员工手册和聘用合同，是保护公司的资产和利益的重要工具。

菲尔斯女士认为，公司还应考虑如下的政策方针：

利益冲突：应在口头上和书面上告知雇员，要禁止实际或潜在的利益冲突。他们有责任在这样的指导方针下开展业务。当身处的职位有权影响公司的决定，雇员可能会通过公司的商业交易而中饱私囊，或是为亲戚谋取私利。这个时候，实际或潜在利益冲突就发生了。雇员也应被告知，公司不会仅仅因为员工和外部公司的一点联系，就做出不当的假设和推定。但是，如果雇员和外部公司的关系会影响采购、合同或租赁交易，那么他或她应该尽快汇报相应的执行官，告之任何可能存在的、实际的或潜在的利益冲突，以保障安防保密工作可以顺利进行。谋取私利不仅可能导致雇员或其亲属在一个与该公司有业务往来的公司里拥有大量的股权，还可能导致雇员为了接受回扣、贿赂、礼物或出于其他特殊的理由，而影响了公司的业务交易。员工也应该知道，材料、产品、设计、计划、概念、计算机程序源代码、财务信息、客户名单、价格政策以及该公司的其他资料，都是属于公司的财产。除非是通过正规的渠道，并有相应的授权认可，否则，不得私自泄露给外部公司或个人。

行为规范和工作准则：为了确保有序的运作，并尽可能提供最佳的工作环境，员工应遵循某些行为规范。这将保护所有员工、客户和供应商的利益和安全。员工应遵守关于工作表现和良好品行的合理标准，包括出勤、工作业绩、态度积极、遵守安全保障措施和其他工作场所的政策。当表现或行为不符合标准要求时，公司应该给雇员一次改正的机会。如果不起作用，再考虑进一步的处罚措施。

◉ 性骚扰

几年以前，中情局的几个女报告员的办公室门口贴了一块牌子，上面用正楷虚张声势地写着几个巨大的字："绝不容忍性骚扰。"但是在牌子的底部还有一排较小的字："依情节轻重而定。"

这一度是被拿来开玩笑的有趣话题，也表明了当时人们对性骚扰的普遍态度。如今并非如此了。在工作场所，历来都存在性骚扰问题，但在今天，雇主必须依法来处置。这已经作为民权法案第七章的一部分而被强制执行。在一个不受性骚扰的环境中工作，是每个公民都拥有的合法权利。

尽管性骚扰已经受到了媒体的广泛关注，但是基于种族、肤色、宗教、原国籍、年龄、残疾和其他受法律保护的领域的差别对待，也同样构成了非法骚扰。工作场所中存在的骚扰，影响着每一类工作的每一个等级的每一个人。它会影响工作效率，产生心理压力，并导致斗志下降，人员流失，还有昂贵的诉讼成本。

雇主必须采取措施，消除在工作场所中所存在的一切形式的骚扰，从而保护他们的公司。明确的政策和程序，必须被书面记录，并分发给所有员工。菲尔斯女士的意见是，员工应该参加培训研讨班，以确保他们理解此政策、程序、用人单位的期望以及违规的后果。

所有关于骚扰的投诉，都应该由受过训练的专业人士展开及时、彻底的调查。必须迅速采取补救措施。如果被骚扰的员工提出了诚意索赔，那么在任何情况下，绝不允许对其实施报复行为。

创建一个没有任何形式的骚扰的工作环境，是雇主和雇员共同的责任。

◉ 解聘

无论是为何终止雇佣关系，都应该对解聘员工进行一次离职谈话。离职谈话给了彼此一个机会，来讨论员工福利、权力移交、单位财产的返还和许多其他话题，包括同事和上司的工作表现。

建议、投诉、问答质疑，以及关键的保密和泄密政策、聘用合约，以及员工一开始签署的竞业限制条款，都应该被详细商讨。

◉ 交还公司财产

员工应该明白，他们有责任保护公司的所有财产，包括每一台计算机、报警器以及电话代码、ID卡、信用卡、工具、制服、钥匙、传呼机、手机、计算机、资料、工作通知单、手册，以及其他发给他们的或者他们所占有或管理的书面资料。如果因为雇佣合约终止或其他原因，只要公司要求，员工就必须立刻归还所有的公司财产，包括他们占有或管理的那些。

◉ 方针和程序

总之，菲尔斯女士建议，面对任何一名雇员，下列的政策和程序都可以被考虑使用：

员工手册

工作的方针和程序

个人材料检查

背景调查

雇佣合同

竞业限制合同

发明合同

利益冲突政策

机密信息和不可外泄信息

行为规范和工作准则

反骚扰政策，反性骚扰政策

终止雇佣政策

产权过渡

工作邀请函

　　雇员应该意识到，这些约束他们个人行为的规章制度，正是公司对他们工作表现的期望。有些心怀不满或不愉快的员工，会在"报复"心理的驱使下，跟公司对着干。最终给公司造成不可挽回的损失。 在下一章中，我们将深入研究，中情局内部的负面力量是怎么将一个辉煌的组织几乎推向毁灭。

13

中情局的背叛者：他们怎能这么做？

当新闻传出消息，说以前的一个同事被指控犯了间谍罪而遭逮捕的时候，我的心沉到了谷底。这一切什么时候才能结束？就像一个早已过了全盛时期的拳击手，因为所谓的毒品交易、在中美洲犯下的罪行和其他子虚乌有的罪名，中情局正在遭受着来自媒体、国会或其他方面接二连三的猛击。奥尔德里奇·艾姆斯[①]和哈罗德·詹姆斯·尼科尔森[②]等人的背叛，就如强有力的组合拳，正不断击打着中情局。怎么会这样？一名值得信赖的中情局官员，怎么可能背叛自己的国家，背叛他的同事，背叛这曾经引以为傲的机构？在对中情局的历史回顾中，我们找到了答案的线索；从分析报告中，我们也能找到值得商界学习的经验教训。

◉ 过去的好时光

在20世纪60年代中期，当我刚离开校园进入中情局的时候，该机构还在成长中。越南战争正如火如荼地进行着，机构的领导阶层都是些参加过二战的老兵，以及战略情报局（OSS）[③]身经百战的老战士们。

---

① 奥尔德里奇·艾姆斯，前中央情报局情报官员，为苏联克格勃秘密工作了9年。于1994年被捕，将终生在狱中服刑。

② 哈罗德·詹姆斯·尼科尔森，前中央情报局情报官员，1997年因涉嫌为俄罗斯充当间谍而被判刑。

③ 战略情报局（Office of Strategic Services，OSS）。前身为信息协调办公室（Office of the Coordinator of Information，COI），是美国在二战期间由罗斯福总统下令成立的一个情报组织。二战结束后杜鲁门总统将其解散，但保留了其间谍和情报部门。1946年杜鲁门成立了中央情报组，同时将战略情报局的成员转移到该部门，日后这个组织改名为中央情报局。

实际上，大部分中情局总部和一线地方的高级职位，都由这些已经年过半百的老战士们占领着。自从1947年这个机构成立以来，他们一直在与那些高官们玩着"抢位子"的游戏。他们有资格居功自伟，有资格孤标傲世，他们是一群久经沙场的老英雄。他们将"荣誉、责任、国家"的价值观念，灌输给那些追随者。中央情报局是一个封闭的、秘密的社会，它将外部的攻击完美地隔绝于千里之外。每当媒体对中情局发问，能从他们嘴里撬开的就只有"无可奉告"。当然，那备受诟病的"兄弟会"也充分发挥着威力。这些传奇性的领导们相互照应，也庇护着自己的亲信。他们对属下的忠诚，属下会以同样的忠诚、献身精神和信赖作为回报。身为这个兄弟会的成员，他们不可能会背叛他们的行为规范和操守准则。在这样的环境下，跟着这样的上司，这种情况完全不可能发生。

● 第一次打击

随着中央情报局的成长，事情不可避免地开始发生变化。第一次严重的打击发生在1973年，一个门外汉被派来接管了这个辉煌的组织——他就是詹姆斯·施莱辛格[①]。他野心勃勃，对于情报工作的神秘晦涩一无所知，他只不过把这个职位当成通往国防部长之路的垫脚石。在他任中央情报局局长（DCI——Director of Centrat Intelligence）的短暂期间，他不但争议性地裁去了大批高管层的官员们（也就是那些"兄弟"），而且，他还大开中情局的门户，欢迎外界来审查。当神秘的面纱被揭开之后，这个机构立刻变得毫无防备。头一次，我们被迫站在防守的位置上。作为施莱辛格的继任者，比尔·科尔比被留下来处理这堆烂摊子。但是，科尔比决定向媒体敞开大门的错误政策，把事情变得更加糟糕了。那句标志性的"无可奉告"，变成了"知无不言"。

很快，国会开始调查每一个所谓的错误和罪行。这个机构成立30年以来，从来没有被这样指责过。于是，中情局只好默默退开，独自去舔伤口。雇员们士气大跌，积极性一落千丈。那些回到中情局兰利总部的情报官员、情报站长和经理人，连最轻微的运作风险都不愿意承担。他们唯恐出了什么岔子，就会发生骚乱。失败的惩罚远远要比成功的奖励重得多，这直接导致了中情局

---

① 詹姆斯·施莱辛格，美国前原子能委员会主席，前国防部长，前中央情报局局长。

人力搜情的能力大不如前。新任务往往被宣告太冒险了，以至于不能接受。

一位久经战阵的老站长，将这种情况形容为："手淫但不射精。"情报官员们可以去物色、评估和发展新的特工人才。不过，如果发展目标有拒绝被招募的苗头，并且可能会揭发这件事，那么后续行动就会被制止。安装窃听器的行动通常只能进行到勘察和计划阶段，一旦到了真正要安装的时候，经常宣称被发现的风险太大，于是行动在最后时刻被取消。这是江河日下的开端。

◉ 糟糕的还在后头

1977年，卡特总统将他海军学院时期的哥们儿——斯坦菲尔德·特纳上将派到了中情局当局长。这时候，又一个灾难发生了。特纳带着这样一个信念：中情局所注重的谍员搜情已经过时了，科技搜情才是未来唯一行得通的方式。同时，他也认为，中情局情报人员的所作所为（招募并操控间谍），都是不道德的，所以，他们本人也一定道德败坏。因此，为了调查情报官员的道德行为，他开展了一场荒谬的、侮辱性的政治迫害（以莫须有的罪名），由此拉开了另一场大清洗的序幕。他派了另一个海军学院时的密友，鲁斯迪·威廉姆斯，去到世界各地的中情局情报站，深入调查情报官员的私生活和职业生活。威廉姆斯发现，中情局情报官员的离婚率极高。他将这归咎于低下的道德水准问题，而不是长久以来充满压力的、危险的工作性质。当威廉姆斯回到华盛顿之后，大清洗就开始了。特纳宣布，情报官员不应该再招募那些仅是为了复仇和金钱的、贪赃枉法的变节者；从今以后，只有"爱国者"才能被吸收。

一年之后，特纳才意识到他犯了个大错。值得称赞的是，他曾试着纠正他的错误，并重建已经日渐萧条的理事会。不过，已经有太多的精华连着糟粕一起被扔掉了。中情局的道德形象和公众形象已经千疮百孔。这一切都为第一起著名的中情局被渗透案搭建了平台：1980年，一位名为大卫·巴尼特的情报官员承认，他在印尼就任时曾为苏联进行过间谍活动。这是件匪夷所思的事。中情局内部的至圣之所，第一次被渗透了，局里的士气更加一落千丈。

在20世纪80年代早期，里根总统派了比尔·凯西来担任新一任的中情局局长，事情暂时有了好转。然而，自80年代中期开始，像"伊朗门"这样的丑闻逐个爆发，这让事情陷入了又一轮的恶性循环，其他雇员步其后尘，变节的情况越来越多。

1985年是最糟糕的一年。一位优秀而经验丰富的老情报官员——爱德华·李·霍华德，向克格勃传递了机密情报。为了避免被联邦调查局逮捕，霍华德逃到了国外。还有被中情局委派到加纳首都阿克拉的行动支持助理——莎朗·卡瑞内奇，因为传递机密信息给加纳的情报机构而被定罪；同年，奥尔德里奇·艾姆斯与苏联串通，开始了他的卖国之路。一年之后，中央情报局的翻译员金无怠，由于传递秘密情报给别国情报机构而被定罪。最终，金无怠选择在狱中自杀（用塑料袋闷在头上窒息而死），用这样的极端方式来逃避漫长的牢狱生活。

◉ 跌落谷底

到20世纪90年代初，该机构在士气、使命感和领导能力上，已经跌到了历史最低点。为了摆脱困境，中上层管理团队的骨干精英们开始以空前的数量外逃。一连串昏庸无能的中情局局长将这个机构搞得乌烟瘴气。这一趋势一直持续到90年代中期。当时盛行的消极气氛导致了又一起变节案。哈罗德·詹姆斯·尼科尔森是一名中层情报官员，他被该机构寄予厚望，准备将他培养成高级官员。然而，尼科尔森却为了区区的18万美金，向俄罗斯出卖了他的国家。尼科尔森最终被逮捕归案。在经受过艾姆斯案的风波之后，人们对这种背叛已经有点麻木不仁了。

◉ 刺激因素

也许官员们的忠诚度有所削减，也许公众对该组织也失去了信任和信心，但是，对于中情局的这些倒戈事件，官员和公众并不应该承担全部责任。一个在情报机构工作的成员，要说服他为另一家情报机构做间谍工作，这是最高级别的游说，也是一个极其隐秘的过程。这必须抓住他们的痛处，再对其可能被策反的动机进行全面深入的评估，由此来决定报酬的多少。虽然尼科尔森、艾姆斯等人，都因为他们的积极配合，而收到了丰厚的酬金。然而，金钱几乎从来都不是叛国的唯一动机。当然，金钱是出卖国家机密的回报，这对在行动中建立控制有好处。但始终有一个更强大、更深入、更私密的隐藏动机，导致他们丧心病狂地犯下了叛国罪。

复仇是最主要的动机。当某些情报官员不能得到中情局的认可时，当他们觉得没有受到公正对待时，当他们对领导没有提拔自己而心怀怨恨时，这些憎恨往往会导致他们做出偏激的事情，从而一步步地走向叛变。他们声嘶力竭地想要证明，自己完全可以恣意妄为，完全可以不受法律的约束与惩罚；他们要向那些"自以为是"的领导们证明，自己比他们更聪明。或者，他们只是想体验那份惊险刺激的感觉，想冒险一试，看自己是否能够逃脱法网，想感受肾上腺素加速分泌所带来的快感。

显然，他们从来没有想到过，自己可能会被抓住。而且，在艾姆斯和尼科尔森等人的案子中，自己的愚蠢断送了自己的前程。他们忘了最基本的秘密谍报技术：他们花着用背叛得来的不义之财——那样挥霍的生活方式不是他们那点儿工资可以承担的，所以他们很快就暴露了。

◉ 对于商界的教训

任何一家公司都无法避免叛变。无论提供多优厚的待遇，还是会有人觉得"别处的草地更绿"（我们早先谈到的大众—通用间谍案可以证明这一点）。不是有钱就能买到忠心。大多数人在跳槽的时候，也带走了从旧主那里所获得的知识和经验，这拦也拦不住。但是，仍然有一些基本的预防措施，可以限制公司在偷窃（信息偷窃和资料偷窃）和法律诉讼方面的损失。这些都是基本常识，虽然我们在前面已经讨论过了，但还是值得快速回顾一下。

◉ 谨慎选择员工

最重要的就是要防患于未然。在聘请员工之前，就要尽量剔除害群之马。每一个新员工被雇佣之前，都应该接受背景调查。对低工资的工人，可以进行简便廉价的刑事检查（以前偷过东西的人容易再犯）；对中高层职位的候选人，则应该展开更严格、更详细的全面审查，包括诚信问题、信誉问题等，这些问题都应该被严密检查。请记住，他们是经理，是公司的门面，是与供应商和客户打交道的人，是管着钱袋子的人，是将决定公司成败的人。

对大部分职位而言，与他人合作的能力至关重要。就拿中央情报局的例子来说，士气提高了，忠诚度也会提高，效率也就自然而然地跟着高了。当士气下降时，心怀不满的员工更有可能对一家公司进行复仇，其后果可能会相当严重。

财务背景审查可以映射出他们处理公事的方式。连私事都处理不好的人，又怎么能处理好公事呢？此外，有财务问题的人更容易行骗。

要特别留意被聘员工以往的工作表现和性格特征，因为这些可能会影响业绩。许多被炒鱿鱼的员工们，坚持在他们的解聘合同里写上声明，禁止该公司透露解雇的理由。由于不想被起诉，大多数公司都不愿对以前的雇员做出任何负面的评论。所以，就算与他们的前任雇主进行常规性的面谈，也很难知晓真实情况。

◉ 解聘条款

最近就有这样一个案例：硅谷高科技公司聘请了一个新的财务总监，就其简历来看，他完全能够胜任此职位。可就职仅仅几个月之后，这名财务总监的业绩和消极的态度就开始令人怀疑。硅谷公司这才想起，要对他进行背景调查。

调查显示，在就任于硅谷之前，这位CFO曾被四家公司开除过。其中三家是在简历上写明的，还有一家则是他故意忽略漏过，没列在简历上的（这种删减与修饰润色同样重要）。而且，所有被解雇的原因，都和他在硅谷公司所表现出来的问题如出一辙。

这位CFO与列在简历上的三家公司都有协议，不得将他被解聘的理由外泄（所以常规的个人材料检查才没有发现问题）。可想而知，他和第四家公司之间没有这种协议。

如果早在下聘之前，硅谷就摸清这些情况的话，公司自然就不会雇用他。而现在，为了摆脱这个CFO，硅谷被迫履行合同，支付了他一年的薪水和可观的解聘金。而且，猜也猜得到，解聘协议同样禁止公司提及解聘原因。这对于硅谷公司来说，这真是哑巴吃黄连，有苦说不出。

很显然，商界可以做出这样的结论：为了避免倒戈、诉讼、低效、报复所导致的商业机密窃取，以及无数可能破坏业务的其他行为，我们唯一能做的就是，在一开始就谨慎地选择你的员工，然后给他们一个充满挑战又收入颇丰的工作环境。在管理上，要鼓励从上到下的忠诚，如此，公司便会十分的和睦融洽。一旦员工意识到，管理层是他们身后坚实的后盾，那么，他们对管理层的忠诚度就会被激发。这就可以保证相互信任。

第 四 部 分

恐怖主义和其他来自海外的危险

美国中央情报局曾表示，许多超国家恐怖组织正不择手段地想要得到或发展生化武器，十几个敌视西方民主的国家（包括伊朗、伊拉克、利比亚、朝鲜和叙利亚）已经拥有，或者正致力于研发进攻型的生化武器装备。比如，恐怖分子本·拉登就对化学武器有浓厚兴趣，他还训练他的特工，让他们学会如何使用有毒化学品或生物毒素进行攻击。

14

国际恐怖主义——愈演愈烈

"冷战"已经结束了。苏联也已解体。俄罗斯这头大熊也没有了往日的威风。核毁灭和相互保证毁灭①（MAD）的阴霾也已经过去了。但是，对美国和西方的大型企业而言，仍然要面对一个十分粗暴的竞争者，而且，这个情况可能比近代历史上的任何一个时候都要更糟糕。昔日的敌人的常规部队，也许再也不能威胁到我们；作为新的对手，伊拉克相对薄弱的常规战斗力，也已经在"沙漠风暴"②和"沙漠之狐"③行动中，被毁灭得支离破碎。现在，面对美国和西方国家的政府和经济，他们唯一的反抗手段就是恐怖主义。伊拉克不是唯一一个想要将长矛刺进"大撒旦"④的伊斯兰对抗者。2001年9月11日发生于世界贸易中心和五角大楼的自杀式袭击，就证明了这一点。至于其他的伊斯兰国家，他们有这个立场，也有这个欲望去反抗美国和他的盟友。而且，他们也很乐意加入恐怖组织，并实施恐怖袭击。

苏联的解体，加之中东伊斯兰军国主义的兴起，导致了长期针对西方国

---

① 相互保证毁灭：一种政治信念。这种信念认为，如果已经拥有核装备的国家，都有同一水平的核技术，没有一个国家会比另一个更强大，也就是说，和平状态将会持续。

② "沙漠风暴"行动（1991年1月17日—2月24日），是由以美国为首的多国部队向伊拉克发起的持续38天的军事打击。此次行动拉开了海湾战争的序幕，并使伊拉克的指挥和控制系统瘫痪，严重削弱了其军队战斗力。

③ "沙漠之狐"行动（1998年12月17日—20日），是由美国和英国联手对伊拉克首都巴格达发动的持续70个小时的大规模空中军事打击。此次行动未经联合国安理会批准。

④ 大撒旦，一些反美的国家（尤其是伊斯兰国家）对美国的别称。

家的全球恐怖主义战争。

◉ 最后的筹码

首先，在东欧，曾经强大又统一的苏联已经被无政府状态取代。曾经维系这些国家统一的纽带已不复存在，联盟已经土崩瓦解。民族主义的前盟友们都在争吵不休，他们的经济摇摇欲坠，人们感到灰心丧气，军队也毫无秩序。针对西方国家的反民主情绪和嫉妒心理再度出现。下台的前红军倒卖着他们的子弹、枪支、炸药、导弹，及放射性钚元素[①]。已经有五十多个民族国家被美国确定为供应商、供应渠道或潜在的核材料和核武器的扩散者，他们使出各种解数来对付美国。

其次，以日益敌对的伊拉克为首，伊斯兰原教旨主义正在推动中东反美主义的热潮。一个充满了廉价武器和弹药的市场，供恐怖主义的支持者（叙利亚、伊朗、伊拉克、利比亚、苏丹、阿富汗等等）从中选择。如果他们还不知道该怎么做，那么类似于"如何制造核弹"，或者"如何制造沙林毒气"，以及 "如何把牛粪变成炭疽病菌"，这样的信息很容易在公共图书馆和互联网上找到。

美国中央情报局曾表示，许多超国家恐怖组织正不择手段地想要得到或发展生化武器，十几个敌视西方民主的国家（包括伊朗、伊拉克、利比亚、朝鲜和叙利亚）已经拥有，或者正致力于研发进攻型的生化武器装备。比如，已故恐怖分子本·拉登就对化学武器有浓厚兴趣，他还训练他的特工，让他们学会如何使用有毒化学品或生物毒素进行攻击。

◉ 恐怖分子的优势

更糟的是，恐怖分子具备一切有利条件。他可以随心所欲地选择武器，选择战场，选择攻击时间，还能从不断增长的美国仇恨狂热者中选出攻击者。恐怖主义是侵略者，而我们是防守方。核、生物和化学恐怖主义的威胁，是当今西方情报界面临的最大挑战。都无须军队出马，只需一个无名烈士就足以造成可怕的伤害。我们现在面临的环境越来越严峻。

---

① 钚，一种放射性元素，是原子能工业的重要原料，也是核燃料和核武器的裂变剂。

中情局是美国打击国际恐怖主义的主要防线。该机构将反恐置于最优先级，事实上在搜集反恐情报方面，中情局做得比其他的情报机构更为成功。不过，中情局所获得的成功，还不足以对即将发生的恐怖袭击提供足够的预警。为什么呢？原因是，对于恐怖分子的计划和意图，最好的情报资料必然来自人源情报（即真实的人，真实的间谍），而情报源存在于一个如此封闭的群体，要接触到这类人物或者渗透进这类群体谈何容易？恐怖组织是唯一一个人源最难渗透的情报目标。在这方面，科技搜情（如：信号情报、电子情报、图像）的优势也并不能弥补人力情报（HUMINT）的缺失。

◉ 策反恐怖分子

新特工的招募是中情局情报官员的主要任务，也是"农场"要教给新人们最重要的一门课程。"招募步骤"（在招募一章中我们详细地讨论过）是最基本的入门课程，它能教你如何引诱对方变节，从而将目标对象吸收为新的潜伏特务。

回想一下，招募步骤包括四个不同的阶段：物色，评估，发展，最终将其招募。总之，"农场"内开设的课程用来教会情报官员，该如何去物色新的特工人才（也就是说，挖掘出能接触到我们所需信息的人)；课程还使情报官员懂得，该如何评估他们被招募的易感性；该如何利用他们的易感性、脆弱性和欲望，逐步攻陷，使他们放松警惕，慢慢地发展到可招募的临界点；同时，课程还包括指导情报官员，该如何利用手头的人物资料，设计并开展招募过程。金钱利诱、赏识认可、复仇心理，都是典型的动机；大多数间谍愿意接受招募，都是出于以上的一个或多个动机。

但是，当招募目标是恐怖分子的时候，那又是另一回事。

几年前，我曾被中央情报局委派，负责国外恐怖组织的招募和渗透活动。那时的我，经常会怀念那些在高雅的环境中接近和发展目标对象的日子，比如大使馆的鸡尾酒会、外交野餐会、网球比赛，等等。虽说这些地点适合物色大部分海外的情报目标，但是，对恐怖分子却不是这样。

当中情局的情报官员准备渗透进一个国际恐怖组织，第一步就是要调查其成员。在"9·11"之前，我们一直判定这个国际炸弹恐怖分子的基本信息是这样的：十七岁至二十四岁的阿拉伯男性，在中东的一个农村小镇中出生（如：位于黎巴嫩的荒僻的贝卡谷地①），在严格的穆斯林信仰环境中长大；对西方（尤其是美国）怀有深刻的仇恨，并有一种狂热的意愿，希望以真主安拉之名去殉教。他／她高度戒备所有的外国人，几乎不会说任何外语，对非穆斯林信仰、非穆斯林宗族和非穆斯林传统的人避之唯恐不及。与我们之前所设想的不同特点在于，"9·11"自杀式炸弹袭击的凶手受过良好的教育并能讲英语。实际上，这些恐怖分子就在美国，生活在你我中间。

此外，对于中情局和其他情报机构而言，恐怖分子基本不会涉足那些传统的物色间谍的场所：他们通常不去酒吧闲逛，也不会光顾高档餐厅；既不会出现在网球场或高尔夫球场，也不会出席什么文化活动；在外交界找不到他们，在其他情报官员平日里物色间谍的地方，也找不到他们。疑心重重、神出鬼没的恐怖分子，和温文尔雅的当地情报官员，根本就不在同一个圈子里生活。

◉ 另寻他路

症结摆在眼前：当与目标恐怖分子打交道的时候，中情局的招募理论就行不通了。如果中情局官员无法进行物色、评估和发展，那么恐怖分子就不可能被招募。中情局官员必须退而求其次，找一个中间人搭桥——也就是我们所说的谍探。谍探是一座桥梁，他／她能缩小情报官员和目标对象之间的鸿沟。在情报官员的指示下，他会在恐怖分子的社会环境中物色、评估，并发展潜在的新成员。但是，要找到这样的一个谍探，本身就是个难题。文质彬彬的美国情报官员和阿拉伯激进武装分子之间的差距实在是太大了，只有一座桥梁根本连接不起来。中情局情报官员离目标越远，追加到连接链中的纽带就越多，也就是说，有越多的谍探要参与其中。这成倍地加大了操作的难度。

有时，情报官员要经过多次辗转才能与恐怖分子取得联系，可以是通过这样的人际关系网：从情报官员到富有的阿拉伯商人，从阿拉伯商人再到在黎

---

① 贝卡谷地，古代文明发祥地之一，这里土地肥沃，是黎巴嫩最大的农业区和旅游胜地。同时，这里也是历史上著名的战略要地，曾发生过贝卡谷地之战。近年来，有不少恐怖组织在此地活动。

巴嫩的阿拉伯小店主，从小店主再到店主在贝卡谷地的亲戚，从这位亲戚再到他在恐怖组织边缘的朋友，最后，才到恐怖分子本人。

就算中情局情报官员能够精心安排出这样一条关系链，又该如何让关系链顶层的情报官员及时得到精确的信息呢？又该如何将具体要求向下传递给潜伏的恐怖分子呢？

◉ 道德谜团

这还不是全部的问题。假设情报官员已经成功地在恐怖组织内部安了个钉子，接下来的问题是：这是一个准备杀死，或者已经杀死过无辜平民的人，该如何与这样一个丧心病狂的人打交道呢？由此而产生的法律和道德难题令人难解。进一步想想，假如从线人处得到情报，即将发生一场恐怖袭击，那么我们会怎么做？毫无疑问的是，我们不能容许它发生。所以，有关当局必然会被召集，以协助挫败此次行动，并逮捕行凶者。但是，这么做又会给整个谍报行动带来负面影响——包括我们的渗透。一切将会回到原点。我们不得不重新物色、评估、发展、招募另一个信息源。如此循环往复，每次都只能持续到这个信息源提供了第一个关键情报为止。

但这并不是说，中情局就该放弃渗透计划了；也不是说，我们过去从来没有过成功的经验（虽然大多数向恐怖组织的渗透都没有什么结果）。这是一个大难题，中情局需要一些新的思维和独特的方法，以确保成功。在此期间，无论在国内外，美国和西方的利益仍会持续地受到恐怖袭击。

◉ 一个典型的例子

情报提供者和情报需求者之间一直存在着一个矛盾：是否应该使用机密情报以推进政治目的。这个矛盾在十年前达到了一个新高度。在中央情报局和美国国务院之间，这个矛盾体现得尤为明显。接下来，我们会看到，当恐怖分子特工为我们传递出情报之后，施加于情报机关身上的压力，是如何导致这些特工死亡的。

1991年2月7日的《纽约时报》上，迈克尔·维恩斯发表了一篇爆炸性的文章。有两三名土生土长的巴勒斯坦人已经渗透进了黎巴嫩的一个主要恐怖组织。1990年秋天，当时的国务卿詹姆斯·贝克和其他国务院官员，针对叙利亚总统哈菲兹·阿萨德①提出了一项罕见的外交方针。叙利亚的外交部长沙雷和几个低级别的叙利亚官员也出席了会议。不久之后，这几名巴勒斯坦特工就暴露了身份并被处死。

这次的新外交方针报告，发表于1990年9月14日，内容涉及叙利亚所支持的巴勒斯坦恐怖分子。这些巴勒斯坦恐怖分子驻扎在黎巴嫩境内，其中，最大的两个驻扎地点，一个是贝卡谷地，一个则是贝鲁特（黎巴嫩首都）。在贝卡谷地，设有几个恐怖组织的训练营地；而贝鲁特则是关押美国人质的地点（这些人质均是被真主党绑架的，他们是：美联社记者泰瑞·安德森、本杰明·威尔牧师、中情局驻贝鲁特站长威廉·巴克利，以及其他一些人）。为了显摆美国对该地区的恐怖活动有多么的了如指掌，这份报告中竟包含了叙利亚支持恐怖组织的证据。

看了这篇文章，美国才知道，那几位特工早在1990年的11月或者12月就已经被处死了，但是，美国当局却费了九牛二虎之力封锁了这个消息。因为这条消息涉及叙利亚是否故意滥用秘密资料，以协助他们所支持的恐怖组织。文章引用了部分美国官员的观点，他们都强烈怀疑阿萨德简报与那些特工们的死亡有直接关系。

有官员说，在正式会议之前，情报专家和国务院官员之间展开了一场剧烈的争论：手握叙利亚参与恐怖主义的证据，美国应该与阿萨德展开何种强度的对抗才妥当。国务院认为，应该给阿萨德一份异常详细的简报，让他知道，我们有充分的证据能指控他的政府。情报官员的观点则与之相反，这样的简报让卧底和搜情方法有暴露的危险。

一位官员说："这是一场相当激烈的争论。情报局的家伙最后告诉他们，'好了，你们想怎么做就怎么做吧。但如果发生了什么流血事件，得算在你们头上。'"

最后，国务院赢了。他们显然是豁出去了，而且豁大了。尽管这么做会

---

① 哈菲兹·阿萨德（1930年10月6日—2000年6月10日），1971年至2000年担任阿拉伯叙利亚共和国总统。支持者认为阿萨德很有民望，而反对者则认为其独裁统治。哈菲兹逝世后，其子巴沙尔·阿萨德继任叙利亚总统。

对信息源造成危险，这份简报还是忍不住向阿萨德显摆，他们是多么消息灵通，对恐怖分子的意图和战斗力是多么了然于胸。

结果不出所料。之后，国务院一直就此事处于被动状态，他们不但得面对公众的批评和抨击，还要想方设法地隐藏他们的缺点。当被逼问道，为什么死刑如此"巧合"地紧随阿萨德简报之后发生，一位国务院女发言人干脆拒绝承认有特工死亡。接着，当被逼问究竟发生了什么的时候，她说："去年，在该地区，美国大使的生命受到了严重的威胁，所以我们就此采取了行动。"她补充说："在这个问题上，任何相关的政策，都是为了保护美国驻叙大使的生命安全。而且，这项政策已经过政府内部的充分协调——包括情报界。"她甚至拒绝承认阿萨德—贝克方针与特工们的死亡有任何一点联系。

那么，什么时候才可以放弃一个信息源而采取行动呢？这位女发言人认为，如果情报信息所涉及的事情像攻击美国大使那么严重，那么在政府的简报中，详述出情报人员所提供的信息是可行的（哪怕会因此而威胁到信息源的生命）。不过，如果这份情报所涉及的是比较一般的恐怖主义行为，比如阿萨德—贝克方针这样的情况，那么，为了保护信息源，简报应该适当地少包含一些细节。这位女发言人说："关于贝克方针导致特工死亡的联想，断然是不真实的。"言下之意是，贝克方针根本不愠不火，而且，没有任何秘密特工或者搜情方式因此被暴露。

在那些日子里，白宫和国务院给了情报界（特别是中央情报局）很大的压力。要求一定要查明被关押在贝鲁特的人质的下落和现状。没有什么比这更重要了。不幸的是，那些劫持人质的恐怖分子深知，为了得到这个情报，美国政府会不择手段。所以，他们严加防范，将信息的保密工作做得滴水不漏。他们在夜幕的掩护下，将人质从一个地方转移到另一个地方，只有最可信的成员才会被选中当守卫，"按需知情"的原则被严格地执行着，就连住在关押人质的那栋楼里的人，也不知道其实人质就在那里。所有知晓人质情况的恐怖分子都明白，无论是谁，只要他泄露了任何一点关于人质的信息，他很快就会被处死。

众所周知，叙利亚是劫持人质的真主党（"神之党"）的主要支持者。所以，在与阿萨德会议期间，讨论到这点的可能性极大。

国务院渴望能用这些证据（在被叙利亚和它所援助的集团所控制的领土上，有人在计划和执行恐怖活动）去对付阿萨德。可是，要告诉一个国家的领导人，我们已经知悉他正在支持恐怖主义活动，实在是不可理喻。

◉ 选择目标

除了之前提到的那些有利条件之外，恐怖分子还有数不清的潜在目标可供选择，范围从最困难的到最简单的。本·拉登选择攻击在内罗毕（肯尼亚首都）和在达累斯萨拉姆（坦桑尼亚首都）的美国大使馆，而不是其他的大使馆，其原因就是，相对而言，它们更易于攻击。美国官方的驻外设施（大使馆、领事馆、军事基地，等等）理所当然是恐怖袭击的首选目标。这其中，有些的的确确是铜墙铁壁，而有些则没有什么安全设施。但是，不管他们的安全级别如何，他们的上方都飘扬着美利坚的星条旗。

为了避免遭难，美国国务院大力加强美国大使馆和其他境外官方设施的安全。这使恐怖分子将矛头转至了美国的一些大型企业，如IBM、美国航空公司、艾克森石油公司、可口可乐、美国捷运公司，甚至麦当劳。当恐怖分子发现，首选目标的安全措施太严格的时候，他们很快就退而求其次，准备挑"软柿子"捏。如果不得不将目标转移到非官方设施上，那么也只好这样了，只要他们上方飘扬着美国国旗就行了。因此，泛美103航班才被利比亚恐怖分子在空中炸毁了。

◉ 未来形势

因此，相对无能的情报机构和执法机构，根本无力与相对全能的恐怖组织相抗衡。这个时候，无论站在官方立场还是非官方立场，我们都不得不对美国和其盟友的未来忧心忡忡。如果911之前我们还不相信，那么现在，我们不得不承认，无论是在国内还是在海外，面对恐怖主义，我们已经不再安全。美国和西方国家的公司（尤其是航空公司）被迫要面对国际恐怖主义问题，因为恐怖主义已成为商业发展的巨大威胁。

◉ 对商人的启示

尤其是对那些在国际舞台上活跃的公司和商人而言，恐怖主义的威胁已成为一个不争的事实。每个登上飞机的人，或者在莫斯科、阿尔及尔、巴黎甚至纽约街头散步的人，都必须合理、有效地处理这个问题。可以不惜成本、强制性地执行安全措施，但不能像只鸵鸟一样，一头扎进沙里逃避现实，假装一切都没有看见。政府能提供的最好的帮助，就是定期发布旅游通告和安全简报。此外，就像之前说的那样，境外的官方政府设施正不断加强他们的安全措施，这弄巧成拙地对海外有代表性的私有设施造成了不良影响。在下一章中，我们将仔细考查，在国际环境中，旅客可以做些什么事情，以避免成为恐怖分子的目标。

15

出国谈生意

当你外出旅行的时候，几个简单的预防措施，可以减少你成为恐怖分子或犯罪攻击的受害者的可能性。虽说观光旅游可以挑选想去的国家和具体地点，但是，商务旅行必须根据业务需要而决定目的地。我能给出的最好建议就是，在开始旅途之前，做好万全准备，一旦你到了那里，请动用你丰富的经验和常识来保护自己，并时刻保持警觉。

⊙ 背景报告

比方说，你要去哥伦比亚的首都波哥大谈生意，你之前也从来没有去过这个国家。那么首先要做的，应该是对这个国家做一些了解。知道旅客在访问这个国家时，会面对什么具体的危险。最好先访问一下美国国务院的网站（http://www.state.gov）。在这里，你可以点击将要访问的国家，并且了解像人口统计信息、气候、文化特点、签证要求等基本背景资料，并快照保存一份该国过去几年中所发生的安全事故列表。而类似下文中所摘录的一些更详尽的信息，则可以从一些专门提供这类信息的保安公司那里得到。

报告中会列出一些常规而有用的注意事项和建议。例如：因为哥伦比亚的犯罪率非常高，所以，报告中会建议前往哥伦比亚的旅客不要带不必要的现金、旅行支票或信用卡出酒店。其他建议包括：不要携带护照正本，只需携带护照前三页的复印件即可；不炫耀昂贵的手表或首饰；选择出租车时要谨慎，如果除了驾驶员以外，车里还有其他人，那么绝对不要进去；永远不拿陌生人的糖果、香烟或饮料，里面可能有蒙汗药；迅速办理机场手续离境，并快速前往候机室，不要闲逛。换句话说，相信自己的直觉，并保持警惕。

在波哥大，绑架、抢劫等违法犯罪活动十分猖獗，所以在观光周游这个城市的时候，请尽可能地改变你的日常习惯。您在逗留期间的行程安排，请不要告知陌生人或者其他"无需知情"的人知晓。报告还会建议您，尽量只在白天出行，而且一定要走大路。不鼓励乘坐火车或公交车，单独旅行也尽量避免。应慎重选择住宿地点，并再次确认预订。报告甚至会建议，一定要把酒店房门上的防盗锁锁上，并尽可能选择三楼以上的客房，而且要注意检查窗户和阳台门上的锁。报告还可能会建议您小心入口的食物，因为里面很可能含有蒙汗药。除了米基·芬恩（一种混有蒙汗药的酒）的威胁，霍乱病例也在哥伦比亚不断增加，有两个国家矿泉水公司已发现有被污染的设备。

请将哥伦比亚的所有城市都默认为是危险的地点，包括波哥大、卡利，特别是麦德林。最好不要去边境地区，要知道，该国的许多地方根本没有警察或军队存在。如果你不得不去往偏远地区，武装护送是很有必要的。

如果你打算长居波哥大，那么，公寓要比孤立的一所房子或别墅安全得多。美国使馆建议，要选择三楼以上的公寓，而且尽量不要顶层，因为入侵者很容易从毗邻的或附近的屋顶悄然接近。为了减少玻璃在炸弹爆炸事件中的震散，所有的玻璃都应贴上聚酯薄膜。公寓应该有武装警卫以及可靠的视频及报警系统。一些额外的预防措施也有必要实施，比如：大门应用固定插销闩上，并且用钢筋加固；还应该在窗户和玻璃门处安装铁栅栏。

美国使馆甚至还建议，在波哥大，最好预备一个储备充足的安全港，其中要备有：电池供电的收音机和电话、水、食品、灭火器、急救箱、报警系统、铁栅栏窗，以及防盗门（用钢门包裹住的门）。如果你能够使用武器，那么请再准备一把配有备用弹药的猎枪，它迟早会有用武之地。

无论身处何方，做好万全的防御措施可以减少入室行窃和武装入侵的可能性。第一个预防措施就是，调查佣人的底细，门卫和家仆都必须通过大厦的安检。在过去几年里，据海外商界和外交界的反馈报告，几乎所有入室行窃和非法入侵都有"内应"，也就是说，劫匪勾结了女佣或门卫，或者两个一起勾结。有时，甚至连保安人员也有可能变为帮凶。无论何时，您的住宅都不该空着无人照料看管，门卫也好，女仆也好，始终应该有人看家。应告诉仆人和家人，该如何应付陌生人的问话，特别是，该怎么应付那些所谓打错的电话。

在世界犯罪热点地区建有设施、设有办公室并雇有员工的跨国公司，更应采取全面的安全方案。面对拉丁美洲的游击队组织的威胁，西方石油公司、壳牌公司和英国石油公司等在安全应急准备方面堪称楷模。在哥伦比亚和其他地区，安全是贯彻商业、工业和民营经济的大事。在波哥大的美国大使馆有世界上最大、最有效的安全方案之一。只要严密的保安措施永不松懈，犯罪分子和恐怖分子也就无懈可击。

◉ 对旅客实施的各种骗局

背景报告可能会列举出一些常被用在不设防的外国旅客身上的骗局。在哥伦比亚，常发生的骗局有以下几种：

- 当疲倦的旅客到达位于波哥大和卡利的国际机场时，由犯罪分子假冒的迎宾员很可能会将其接走。真正的迎宾员所举的牌子上写着的名字和公司，被罪犯们抄到他们自己的牌子上，他们举着这个牌子，挪到队伍的最前面。接到人后，他们会尽量分散该旅客的注意力，将他带到自己的车里，将其绑架、抢劫，甚至杀害。旅客应该与迎宾员定一个暗号或秘密口令（比如一个密码短语），以确保他们不会跟错人。

- 盗贼可能在任何时间下手，特别是在旅游区。不久前，在波哥大黄金旅游区的缆车站附近，一位身着便衣、背着背包的美国特种部队士兵就被抢劫了。几秒钟之内，他的背包就被扯了下来，两名劫匪逃之夭夭。他十分的困窘，但又不得不向上级报告。因为被抢走的不仅是他的背包，还有他放在包里的部队配给的9毫米贝瑞塔92手枪（Beretta 9mm Pistol）。

- 有一位军事官员，由于对拉丁美洲甚为熟悉，所以被派到了哥伦比亚执行公务。一天早上，他开着车去上班。他摇下驾驶员一侧的车窗，将胳膊肘放在窗台上，心情愉悦地欣赏着美丽的天气。当他停在路口等红绿灯时，一个年轻的小偷悄然潜入他的身后，猛地从他的手腕上拉下了一块劳力士手表。震惊的司机还没反应过来发生了什么事，依然在路口呆愣着。后来，他又买了一块劳力士，并再三告诫自己一定要多加小心。他采纳了哥伦比亚人的习惯，将手表戴在了右手腕上（许多哥伦比亚的出租车司机都有这种习惯）。一个月之后，还是这辆车，还是这个路口，依然是在上班途中，这个官员享受着又一个难得的晴天，他又一次把手臂放在窗外。这一次，他感觉到左肩上有针刺般的细微疼痛，他还以为是一只小虫子，便伸出右手拍了一巴掌。——完了！劳力士又没了！一气之下，他想都没想就夺门而出，紧追在小偷身后，穿过马路一路狂奔。这时，他的直觉告诉他回过头来——他目瞪口呆地看到，另一个小偷开着他的车跑了。这是一个精心策划的圈套。

● 一位讲西班牙语的美国警局前官员，临时被派去美国大使馆工作。在波哥大市中心的一家大酒店外，一名男子冲他闪了闪警察证，请他留步。这个美国人被要求出示身份证明，并被要求检查他的现金是否安全。他听话地递出钱包和现金，交给那名"警察"。"警察"收走了他的钱，并告诉他，让他在半小时之后去警察局拿回他的东西。那名"警察"还给了美国人一张卡片，上面写着警察局的地址和电话号码，以及详细的路线说明。当然，受害人完全被骗了，他天真地对权威的表象言听计从。这是一个价值2000美元的教训，那些钱是他全部的出差预借款。事后，他的上级机构拒绝为他的蒙昧买单。

● 一个星期后，一位临时军官（TDY）也遭遇此劫，不过他的损失相对较小，只有200美元。

● 换汤不换药，在首都波哥大北部的一个高档购物中心里，也发生了类似的骗局。三个公务员模样的人从一辆车上下来，说自己是"财政部"的政府官员，要检查一下那个美国人的现金，以确定那不是假币。毫不知情的游客交出了他的现金，还拿了一张收据。"政府官员"给了他一个距离最近的警察局地址，让他去那里取回他的东西。然后他们就拍拍屁股走人了！仅两个月之内，美国大使馆就接到三个类似骗局的报告。（有一些"政府官员"说着非常流利的英语，而且非常有礼貌。）

● 一位联邦调查局的驻外特工被派往波哥大执行任务。他知道那是个犯罪高发地区，所以，他脱下了昂贵的劳力士，将之收进口袋里。他只是做了个常规性的预防措施，此外也没有多想。任务结束后，当他进入租来的公务车的时候，他感到有一只有力的手抓住了他裸露的手腕，然后立刻空手撤回。万幸！他逃过了一劫！

无论是要去哪个国家，都可以用这类预防性的信息武装起自己。这样，商人才能够更好地应付某个特定国家存在的日常安全问题。然而，当涉及企业对外投资的时候，只做这些还远远不够。

◉ 风险评估

在第一章中，我们简单地谈了一下风险评估。然而，对于哥伦比亚这样的国家而言，全面的风险评估还远远不止之前所列出的那些"实例"。全面的风险评估还应该包括该国政治和经济的稳定性。以哥伦比亚为例，评估应该侧重于：游击队和毒品集团可能会带来的威胁（特别是对外国人），以及对趋势的预测。评估还应指出，民族解放军（ELN）和哥伦比亚革命武装力量（FARC）的游击队，是如何通过破坏性行动来反对哥伦比亚政府企业，以及外国和国内采掘业的。破坏性行动包括：对外国石油公司的勒索、绑架索要赎金、爆炸和暗杀。评估会警告那些准备去哥伦比亚投资的商人，绑架外国石油公司员工的犯罪活动在哥伦比亚呈上升趋势，每年为游击队带来数千万美元的战争基金收入；而敲诈勒索这类行为，每个月也能给民族解放军和革命武装力量带来数百万美元的补贴。由此可以看出，混乱的司法制度与无效率且腐败的警察力量，无法联手创造出一个美好的未来。

总之，全套风险评估就相当于一个手电筒。在哥伦比亚这间黑暗的房间里，它可以照亮将会面临的障碍，但不会对前进的好处做出任何判断。只有公司的管理团队才能做出这一判断。他们是唯一能够权衡风险和潜在盈利的人。比如说哥伦比亚，虽然前景看起来并不怎么明朗，但其经济势头却依然强劲，许多美国和其他西方国家的企业正在那里赚大钱，并大量投资于该国的未来建设。但有一点是肯定的，这些成功的企业都是通晓地利的。他们摸索出了一套适用于当地的操作方法，以应付该国所固有的问题。这样，才能尽可能地确保自身安全和零风险。

◉ 现场报告

就算对一个国家的商业陷阱已经了如指掌，有时也会面临特殊情况。这正是现场报告的意义所在。现场报告是指对有可能对公司运营造成影响的特定情况的分析。

几年前，一家已成功在阿尔及利亚经营多年的石油公司突然面临窘境——阿尔及利亚国家元首穆罕默德·布迪亚夫被刺杀了。该公司已与布迪亚夫政府顺利合作了很长一段时间，还签署了许多重要的合同和协议。暗杀发生之时，公司高层正准备前往阿尔及利亚，签署新的勘探合同。

现场报告的要求基本上分为两个部分：（1）预测最有可能当选的新政府人员班底，分析新政府信守布迪亚夫政府时期签署的合同和协议的可能性；（2）分析当前情势下前往阿尔及尔的风险，并做出评估，预测本来要会见的阿尔及利亚官员是否仍有权力签署新的合同。

几天之后，另一份现场报告表示，阿尔及利亚的局势令人不安。由伊斯兰原教旨主义者所支持的一帮不守规矩的伊斯兰救赎阵线（FIS）的成员，在阿尔及尔的大街上到处游荡，不停高呼原教旨主义的口号，白天和晚上都能听到零星的枪声。报告列举了一些已发生的安全事故，并引用了国务院的公告，建议美国公民推迟所有不必要的阿尔及利亚旅程。如果旅程不得不进行，那么也必须要避免所有公众集会、示威，也不要去阿尔及利亚的南部地区。据报道，参加这起精心策划的暗杀案的凶手，以及11名其他伊斯兰原教旨主义者，已经由警方抓获或被杀害。身为四人领导小组的铁腕人物，国防部长哈立德Khaled Nezzar迅速任命阿里·卡夫提这个勇敢稳健的老战士作为布迪亚夫的接班人。

报告建议，该公司应该在动乱差不多平息后，再派代表去阿尔及尔。不过报告也表明，军方似乎已经牢牢控制了局势。无论新的永久性政府是由什么班底组成，他们都会下定决心，不让伊斯兰原教旨主义有任何可乘之机。分析认为，新政府将兑现以前所有的合同和协议，而且，与他们打交道的那些官员也不会变更。采纳了现场报告的建议，在刺杀之后的几天，该石油公司没有立刻派代表前往那个危机四伏的地方。同时，报告也慰藉道，公司过去的投资将不会有风险，而且，未来的交易额也差不多和过去维持在同一个水平线上。

◉ 研究法律和习俗

对目的地的文化习俗毫不知情的情况下，是不宜前往异国旅游的。尤其是当这个国家和你所生活的国家在文化上有显著差异的时候。除了在建筑上和语言上的细微差别以外，美国人也许不会在欧洲看到很大的差异。无论你是在纽约、伦敦、巴黎或法兰克福，会或多或少感受到相同之处。但当你离开欧洲，到更远的地方旅行时，一切就不一样了。比如说非洲、亚洲或者中东。下面，就说一个可能会令你瞠目结舌的例子。

◉ 沙特阿拉伯

盛产石油的沙特阿拉伯，是美国和西方的亲密盟友，许多沙特人说着英语和其他外语，并享受着西方的生活方式。他们在国外舒适地生活，进入西方的大学和学院接受教育。我们在沙特境外所遇到的沙特阿拉伯人，大部分都彬彬有礼，受过良好的西式教育，也很适应西式的文化习俗。但如果你去到吉达[①]、利雅得[②]这些地方，也许会给不知情者带来巨大的冲击。对沙特本地人的文化习俗的特殊性缺乏认识，可能会造成灾难性的后果。

沙特阿拉伯是一个穆斯林国家，在这里对待妇女的方式与西方迥然不同。在沙特阿拉伯，妇女不允许穿着短裤和三角背心在街上跑来跑去，也不能开车——这是沙特的法律，违反者会被起诉，甚至被石头砸死！在沙特阿拉伯，不容谈论妇女权利的问题。事实上，在大多数穆斯林国家，她们根本没有

[①]　沙特阿拉伯主要港口。

[②]　沙特阿拉伯首都。

任何权利。

◉ 父母绑架案

许多沙特男性到西方国家求学后，与西方女性结婚，且在境外生子。这些混血儿童通常拥有双重国籍，但外国国籍（非沙特国籍）在沙特阿拉伯并不被认可。大多数穆斯林国家都不承认非本国国籍，就像沙特阿拉伯只承认沙特国籍，而且，一旦这个混血孩子进入沙特阿拉伯境内，如果没有沙特父亲的许可，他就不能离开本国。哪怕这是孩子母亲的意愿也不行，哪怕国际法赋予了非沙特母亲这样的权利也无济于事。

如果他们离婚了，而美国或西方法庭又将孩子的抚养权判给了母亲，大多数穆斯林政府则根本不把这类判决放在眼里。因此，如果一个沙特男子娶一个美国女人，并有了孩子，之后他们又在美国离婚了，法庭又将孩子的主要监护权判给了女方，可是，如果沙特父亲将孩子绑架到了沙特阿拉伯境内，那么基本上，女方就没那么走运了。尽管沙特政府满嘴答应着，会依照监护法和《海牙公约》上的规定来处理父母绑架案，可实际上，几乎每次，它都会站在沙特父亲这一边。目前，法庭上差不多堆积了几十件这样的案子。不过可悲的是，只要孩子在沙特境内，并且由他的沙特父亲监护着，那么沙特政府绝不会采取任何行动，迫使孩子回到他们外国母亲的身边。外国母亲唯一能做的，就是将孩子绑架回来。

因为在穆斯林国家的内部，有着严格的旅行限制，所以，这类行动在实际操作过程中，难度是极大的。但并非没有成功的先例。CTC国际集团就是个中翘楚，目前为止，它仍然保持着从阿拉伯国家一次性带回人数最多的纪录：四个小孩子和他们的美国母亲被神不知鬼不觉地带出了阿拉伯联合酋长国（阿联酋），他们回到了美国，也就脱离了暴虐的阿拉伯父亲的魔掌（然而不幸的是，在她和她的孩子回到美国后，那名女子未能遵循一些基本的安全防范措施，大约一年之后，那个阿拉伯父亲又将孩子绑架回阿联酋）。

◉ 旅行限制

虽然沙特阿拉伯最近放宽了对外国游客和投资者的限制，但实际上，那里仍然没有签发旅游签证的地方。外国人如果想要收到签证，并访问这个国家，他就必须得有一位沙特的赞助商——这就为勒索创造了有利条件。通常是这样进行的：外国商人被邀请到该国家去商谈一笔能赚大钱的买卖。在抵达该国后，他们被要求将护照交给他们的沙特赞助商。一旦旅程结束，访客准备离开之时，那些赞助商完全可以将他们留在沙特阿拉伯当人质，逼他们同意某些合同条款，或者勒索一大笔钱。即使是宣称这些外籍商人欠了某个人的钱，也算是延迟离境的充分理由，直到所谓的债务（无论真假）全额偿清后，他们才能走。

作为赞助商，王室大家族有其得天独厚的优势，就连他们，也会利用这个优势，获取额外的收入。因为，在抵达沙特之后，外国游客要将护照交给赞助商保管。王室成员必然不会错过这个捞偏财的机会。

为了进入世界贸易组织（WTO），目前沙特阿拉伯正在考虑放宽对外国投资的限制。由于其对非沙特人的歧视性待遇，世贸组织十分排斥这个国家。然而，赞助商问题目前仍然像一把达摩克利斯之剑一样，悬挂在访问者头顶上，随时都有掉下来的可能。

● 酒精和伊斯兰教

在伊斯兰国家，另一个重要问题就是酒精。伊斯兰教法典禁止饮酒，所以，不要妄想能带着您最爱的伏特加进入该国境内；也别想能在酒店用餐的时候，还能享受到波尔多的葡萄酒。你不能喝。即使在沙特阿拉伯最好的酒店和餐馆也不行。

为了给沙特人提供方便，酒精饮料经常被走私进入该国境内，他们在屋里的隐秘之处，将美酒端上餐桌。而当他们离开该国境内，离开监视的时候，许多人都尽情享受着苏格兰威士忌。我以前经常乘坐汉莎航空公司的航班，从法兰克福起飞，途径吉达，飞往埃塞俄比亚首都亚的斯亚贝巴。在沙特，我总是被那些在吉达与外国之间飞来飞去的年轻女性逗乐。在吉达，她们会穿着传统长袍，戴着面纱登机，她们把手放在膝盖上静静地坐着。直到飞机到达巡航高度，飞出了沙特的领空，只要一听到机长广播，一切就会发生翻天覆地的改变。

女人们冲进休息室，换上西式的服装，化上妆。改头换面的时髦女郎穿着超短裙和紧身衣回到自己的座位上，叫来乘务员给她们送上此次飞行中的第一杯双份黑方威士忌加冰（或一些类似的混合饮料），然后才安顿下来。

法兰克福至吉达的回程航班则正好相反。登机时，她们是时尚的西式装扮，享受着鸡尾酒和葡萄酒。只要飞机一接近沙特的领空，她们就冲进休息室，换回长袍，戴上面纱，然后回到座位上装模作样地坐好，熬过剩下的航程。

所以女士们要小心，千万不要在吉达穿着迷你裙，喝着啤酒，开着车。如果有男人看着你，那么请一定要低垂你的双眼。否则，您可能会遭受严重的石刑。

◉ 结语

在开始任何一种合作关系或投资前，掌握良好可靠的商业情报的重要性已经非常明显。在开始合作关系之前，常规性地收集合作人信息并了解竞争对手最新动向以抓住市场份额的那些公司，总是要比那些"跟着感觉走"的公司更容易获得成功。

这再次阐释了《孙子兵法》的那句话，知彼知己，胜乃不殆；知天知地，胜乃可全。自古以来，全面客观的情报的价值已被公认。意识到这点的人，往往都会成功，没有意识到的人，则注定要失败。对于我个人而言，无论是公事还是私事，在作出重要决定之前，如果没有收集全部真相，并加以推敲，我无法想象会做出什么样的决定。有可靠的情报和客观的分析作为基础，所做出的决定基本上都是正确的（我用"基本上"这个词，是因为有些事无法预测，运气成分会一直发挥作用，只能尽人事，听天命）。

因此，无论是到陌生的国家旅行，或与未知的个人或公司打交道，别总是太过相信自己随机应变的能力，不能对前途过于乐观。先做好万全的准备，然后再开始风险投机。让这成为您的惯例的一部分。在您一头扎入之前，调查合作人和目标地点。用那个手电筒照亮这些障碍。《孙子兵法》有云："夫未战而庙算胜者，得算多也；未战而庙算不胜者，得算少也。多算胜，少算不胜，而况于无算乎！"

附录：网络资料库

一 免费（或大部分免费）的网站：

Anywho

http://www.anywho.com

美国企业及个人的电话号码，地址，地图及指南。

全球电话搜索

http://www.infobel.com/World

终极白页

http://www. theultimates. com/white

太平洋信息服务有限公司的检索系统

http://www.pac-info.com

超过4564个免费检索的公共档案数据库。

北极光

http://www.northernlight.com

全文资源的搜索引擎。

公共记录寻获者

http://www.publicrecordfinder.com

能找到免费的公共记录网站的搜索引擎。有超过6000条链接。

联邦世界

http://www.fedworld.gov

一个有搜索、查找、排序功能的综合站，并能获得政府和企业信息的网站。

第一政府

http ://www.firstgov.gov

有关政府信息的网站。

企业信息

http://www.corporateinformation.com

美国证券交易委员会

http://www.sec.gov

上市公司档案的检索数据库。也有投资者信息、诉讼豁免和监管措施等信息可供检索。

美国医学协会

http://www.ama–assn.org

查阅医生资料的基础站。

马丁代尔·哈勃

http://www.martindale.com

查阅律师资料的基础站。

全美证券交易商协会

http://www.nasdr.com

核实经纪人资料的网站。

跟桩元搜索引擎

http://www.dogpile.com

哥白尼多元搜索引擎

http://www.copernic.com

二 以付费或订阅方式获取信息源及内容的网站

555-1212

http://www. 555-1212.com

价格实惠的电话查询网站。

Stat-USA

http://www.stat-usa.com

国际市场调研。

对谈

http://www.dialog.com

领先的电子信息和解决方案公司。

道琼斯

http://www.dowjones.com

可以查阅有关商业和金融方面的新闻和信息。

律商联讯

http://www.lexis-nexis.com

法律、商业、学术和政府专业人员的信息。

邓白氏

http://www.dnb.com

站内有大量的商业信息报告。

法链

http://www.courtlink.com

法庭记录。

电子图书馆

http://www.elibrary.com

网络搜索中心。

万律

http://www.westlaw.com

法律界的搜索工具

三 收费的个人参考资料咨询服务

提供数据以帮助识别、验证或定位个人及企业的商业服务。 通常需要一份订阅申请并陈述合理的使用目的。 客户可以使用这些服务来探查诈骗行为、协助执法、定位个人和资产并确认信息和身份以及许多其他的用途。 主要由保险公司、律师事务所、私人侦探、执法机构及政府机构使用。

选择点

http://www, choicepointline, com

拥有先进的数据库技术。

DBT 在线

http://www.dbtonline.com

KnowX

http://www.knowx.com

罗速

www.loc8fast.com

Glossary Terms
术语表

谍探（Access Agent）： 当情报官员不可能直接接触到潜在的渗透谍员时所用到的中间人；与内部人员有直接接触的外部特工。

特工（Agent）：被情报官员所招募的外国本土的间谍。

分析部门（Analysis Unit）：属于情报部门的一部分。负责分析和研判由搜情部门传来的原始数据。

分析法（Analytical Approach）： 一种特定的估算问题的方法，之后为了进一步的调查，会提出一张潜在的信息源的表单。

语音操作（Audio Operations）：涉及语音数据的收集，即窃听或电话监听。

Backstopped：掩护身份的支撑信息，可以被文件线索（虚假的公司地址、电话号码等等）"证实"的谎言，当被核实的时候，可以确保掩护身份的可信度。

Baksheesh：行贿。

任务提示（Briefing）： 特工被告知他或她将会承担什么任务的简短会面。

商业情报（Business Intelligence）：关于竞争公司、行业、市场等方面的数据的搜集。

情报官员（Case Officer）：隐蔽的情报部门的官员，附属于情报机构的秘密行动部队。 情报官员通常是大学毕业生，精通一门或多门外语，一般都通过了最高级别的安全检查，是被完全信任的成员。

情报站长（Chief of Station，简称COS）：在某个特定的国家负责美国秘密行动的中情局官员。

CIA：中央情报局。美国对外情报机构和反间谍机构。

地下行动（Clandestine）：暗中从事的行动。

秘密谍报技术（Clandestine Tradecraft）：情报活动的程序与技巧。

情报搜集部门（Collection Unit）：即搜情部门。通过人力情报源或非人力情报源搜集信息，再将所获得的信息传递至情报分析部门。

Commo Shack：无线电操作室。

保密协议（Confidentiality Agreement）：企业界的一种文件。用以限制员工泄露公司的保密信息。这类协议通常会包括一份员工对于公司有价值信息的书面认可，并保证不会对其他团体透露该类信息。

反间谍（Counterintelligence）：情报机构或公司出于保护自身情报安全的目的，查出其他组织针对其进行的情报活动，这类行为被称作反间谍。

掩护（Cover）：情报人员为了掩藏自己的真实目的而扮演的角色，以方便其在国外的生活或者旅程。

行动掩护（Cover for Action）：情报官员将自己掩护成平民、商人、旅行者，或者任何其他职业。这种掩护通常有一个化名，只能在短期内使用。

掩护身份（Cover for Status）：能够使情报官员合法地在某个特定的国家工作的长期掩护身份。

隐蔽法（Covert Methods）：秘密执行的方法/程序。

代号（Cryptonym）：特工或者情报活动在所有通信中所提到的关于他们的行动任务的名字。代号的前两个字母是合成词，代表了他们正在执行任务的国家，剩下的部分基本是从字典中随机抽取的单词。在中情局，代号名称通常用大写字母表示。

悬荡物（Dangle）：安置在目标人物视线之内的间谍人员，用来渗入对方内部。悬荡物可能是双面间谍或是在转移行动中所使用的谍报人员。

数据库（Database）：收集各种经过整合的信息的资料库。

DCI：中央情报局局长。

Dead Drop：秘密情报放置点。

归询（Debriefing）：情报官员听取完成任务的特工的返报信息。

背叛者（Defector）：离开原组织规定的工作岗位，然后将组织秘密透露给其他组织，以换取补偿和/或庇护的人。背叛者只能提供历史信息。

DGSE：即法国对外安全局。法国的情报机构和反叛乱机构。其前身是SDECE，即外国情报与反谍报署。

尽职调查（Due Diligence）：对某人或某公司实施的背景调查。在给予信任之前，先验证其历史或资料的真实性。

经济间谍法（EEA）：为了让美国对外来工业间谍和信息盗窃（无论发生在美国本土、互联网或是其他国际地点）所带来的巨大威胁引起重视而制定的一部法律。这部法案囊括了全范围的商业机密，并将其定义为："信息所有人已针对情况采取了合理的措施以保护此信息的秘密性，或者该信息具有现实或潜在的独立经济价值，而又尚未被一般公众所知悉或公众尚不能利用合法方式进行确认、取得的信息。"

套话（Elicitation）：使用迂回绕弯的提问方式，直接从情报源处获取想要的信息。

潜逃（Exfiltration）：单个人或者一群人从一个不安全的地方离开。

假减法（False Subtraction）：用于解码加密信息的一种方法。

农场（Farm）：中情局设在弗吉尼亚州的秘密培训设施。

完成情报（Finished Intelligence）：情报处理后的最终成品。

骚乱（Flap）：遇到意料之外的问题（尤其是安全问题）时所采取的行动。

GRU：格勒乌，即苏军总参谋部情报总局（Glavnoe Razvedyvatelnoe Upravlenie）。苏联军事情报集团以及苏联总参谋部的主要情报指挥部。

人力情报源（Human Source）：对其获取情报的人。

HUMINT：即Human intelligence，人力情报。

IMINT：图像情报。

工业间谍活动（Industrial Espionage）：非法收集商业情报的行为。

信息中介（Information Broker）：需要付费的信息源。

信息报告（Information Report）：一份收集了原始信息且未经分析的报告。

专属情报部门（Ia-House Unie）：企业或机构内部的商业情报部门。

情报处理（Intelligence Process:）：原始信息收集，信息分析，最后向情报需求者报告并传递最终情报。

情报报告（Intelligence Report）：经收集、评估、分析、整合，并研判所有相关信息最终产生的成果叫做情报报告。

发明合同（Invention Agreements）：一份合同条款。其中规定，任何一项发明（包括软件，产品等等）都将视为发明人所在公司的资产。

合法游客（Legal Traveler）：有合法身份的游客。

假身份（Legend）： 关于情报官员过往经历的编纂故事。情报官员必须保持其一致性和可信度。

掩护通址（Letter Drop）：特工用于传递文件和公报的地点。经常是一个邮政信箱或是以化名租下的邮寄地址。

MASINT：测绘搜集情报。

微点拷贝（Microdots）：带有信息的照片被压缩到一个句号大小的点，并且隐藏在充当障眼法的文章中。

MSS：中国国家安全局。

相互保证毁灭（Mutually Assured Destruction，简称MAD）： 一种政治信念。这种信念认为，如果已经拥有核装备的国家，都有同一水平的核技术，没有一个国家会比另一个更强大，也就是说，和平状态将会持续。

新华通讯社（NCNA）：中国官方的新闻机构。

非官方掩护情报员（NOC）：非官方掩护情报员的日常掩护身份（参见身份掩护），可能是学生、商人等等，而不是以政府官员的身份作为掩护。

竞业限制协议（Noncompeition Agreement）：在企业界，竞业限制协议是为了防止员工在解聘后的特定时期内与前雇主有所竞争而定下的。

保密协议（Nondisclosure Agreement）： 一个具有永久法律约束力的协定。其规定员工在聘期或解聘后均不得泄露公司的机要信息。

防扩散（Nonproli Feration）：一个政治协定。由当时没有核武器的国家签订，相互保证以后不会发展核武器。

NSA：美国国家安全局。

密码广播（OWVL）：在一个特定的频率发送一套既定的、规律的短波广播信号（通常是读一组数字），以让特工截取和解密。

OSS：美国战略情报局。中央情报局的前身。

渗透特工/渗透谍员（Penetration Agents）：因为其在目标地区的身份而被招募的特工。渗透特工是特工中最好的一种，因为一旦被招募（且只要还在目标地区），他或她就可以提供源源不断的现实信息。不过这种特工是最难被招募的，也是花费最昂贵的（无论时间上或金钱上）。

PLA：中国人民解放军。

PRU：省级侦察单位。中情局在越南战争期间部署的准军事部队。

求雨舞者（Raindancer）：故弄玄虚的TSCM伪技术员。

招募过程（Recrwtnent Lycle）：评估、发展和招募新特工的过程。

Research Source：某一特定主题的信息源。

风险分析（Risk Anolysis）：一份用以指出安全操作在海外环境中可能会遇到的普遍障碍的调查研究。

安全港（Safe Haven）：一个用以秘密会面的安全场所。

秘密据点（Safehouse）：一栋房屋或公寓，用于进行秘密的特工会面的安全场所。其作用类似于安全港。

密写（SW）：一种隐匿特工之间书信内容的技术。使用隐形墨水，或者浸透了隐形墨水的"碳"纸。

SIGINT：信号情报/通信情报。

SOP：标准操作程序。

现场报告（Spot Report）：快速分析某一特定的情况。

目标分析（Target Analysis）：为确认想得到的信息可能所在的位置（例如选定一个部门）而对目标区进行的侦查。

目标区域（Target Area）：情报搜集行动期间所涉及的区域。

目标部门（Target Department）：目标区域的一个部门。该部门包含所需要的信息或者可以接近信息的人。目标人物所选择出的一个范围。

定向收集（Targeted Collection）：公司可以用于提高其生产力和市场份额的特定的信息。市场分析，尽职调查，针对潜在的合作伙伴、雇员和其他人的背景调查，以及竞争者情报都属于这一类信息。

目标人物（Target Individual）：对想要得到的信息有直接了解的人。目标人物可以在目标部门中寻找。

反监视技术侦察（Technical Surveillance Countermeasures，简写为TSCM）：清除技术性侦察（比如窃听器，电话监听等）的行动。该类行动也被称为"清扫"。

谍报技术（Fradecraft）：情报机构用以进行隐蔽的情报搜集的一种秘密方法和技术。

商业机密（Trade Secrets）：所有形式的金融信息、商业信息、科学信息、技术信息、经济信息或者工程信息，只要该信息有经济价值，且信息所有人已采取了合理的措施以保护信息的秘密性，则该信息就是商业机密。

统一商业秘密法（Uniform Trade Secrets Act）：联邦法案禁止公司前雇员在公司间夹带其他物品以转移敏感信息。

Vetted Asset：可靠并值得信赖的特工。

致　谢

在此，首先要向我的妻子特雷表示衷心的感谢。因着她的鼓励与协助，这本书才得以面市。也感谢CTC集团在写作过程中所提供的宝贵的技术支持。

特别感谢罗伊·琼克等来自历任情报官员协会（AFIO）的成员。在这里，还要对情报笔记周刊及AFIO的其他出版物表示感谢，这些刊物为我提供了宝贵的背景资料和调研资料。在此，还要感谢吉尔·多兰将我推荐给布莱塞团队；尤其是要感谢出版商邓·麦凯恩和高级编辑雅各布对此书的信任，以及从编辑到出版的过程中他们的细心引导。

最后，再次对中情局出版审核小组的斯科特·科赫表示感谢，他的学识、专业精神及对中情局审核这一重要过程的敬业态度，令我很是敬佩。

F.W.若斯特曼

布莱希出版公司已出版的其他相关书目

《布莱希国际情报年鉴：2002年编本》

作者 罗伯特 D.A.汉德森

《无声的战场：认识情报世界》（第三版）

作者 艾布拉姆·N.舒尔斯基、加里·斯密特

《任务：五角大楼》（第三版）

作者 佩里·M.史密斯（美国空军退役军人）

译校后记：

"间"道——企业商务情报的艺术

看过刘德华、梁朝伟、曾志伟演的电影《无间道》的读者，都知道这是一部尝试以曲折离奇的心理交锋为切入点，在大量的娱乐元素之外，赋予了潜在的精神考问的影片。

无间道，语出佛经avicinar aka，又译阿鼻地狱，意为："受身无间永远不死，寿长乃无间地狱中之大劫。"无间道（无间地狱）是佛经故事中八大地狱中最苦的一个，凡被打入无间地狱的，永无解脱希望，要经受五种无间。第一"时无间"，无时无刻不受罪。第二"空无间"，从头到脚都受罪。第三"罪器无间"，各式各样刑具无所不用。第四"平等无间"，用刑不论男女均无照顾。第五"生死无间"，重复死去无数回还得继续用刑。也是民间所谓十八层地狱中最抄底的那一层。

当然，这是佛教警示世人行为觉悟自律的象征故事。表示失去"自性"（即佛性）而陷入不辨是非只讲利益的"无间"处境之人，所必然遭受的痛苦心理历程。电影《无间道》，讲的就是两个身份混乱的男人，分别为警方和黑社会的卧底，而当一宗毒品交易，黑白两道的行动均告失败，都弄清楚彼此身份之后，他们决心要离开这个无间地狱，改变这种不辨是非的处境，找回自己……

文明人类的最大特质，就是具有是非观念，并且，无论身处何种情境，包括纯粹讲利益的商业关系中，也要"间"之以是非判断力，并且帮助对方用是非判断力规范自己的行为，而不只是被诡诈谋略，"无间"地裹胁着走。

是非判断力源于人的敬畏之心，敬畏与恐惧完全不同，恐惧只会服从和被诱惑，使人产生卑怯感；而敬畏，不仅产生是非判断力和坚定性，且使人产生崇高感，正是这种崇高感，使文明人类的时间之神、历史生命，战胜了空间之神、有限生命。所以，间，是一种非常伟大卓越的智慧。人世间一切伟大的创造，都赖以举其间。

译校完CIA退役老人F.W.若斯特曼先生写的《商界诡道——建立一个属于企业自己的中情局》，我进入了长久的沉思。

我想起了40年前在县医院治疗血吸虫病时，从医院订的《参考消息》上看过的连载报告文学《沙漠谍影》，也想起了20多年前一段特殊日子里，看过的一部前苏联拍摄的电视连续剧《春天的17个瞬间》……昨天又特地从网上找来连夜看了一遍。现实和艺术、虚和实两相比较后，我相信，谍报人员在人间三百六十行中，是一个真正富有崇高精神的生态群落。他们诚实、无私、客观、公正、勇敢、沉着、坚定、细心，个个身怀绝技富有效率，而又深谙互助共生之道，他们是敢于接受任何命运挑战的人群。

呵呵，回到这本《商界诡道——建立一个属于企业自己的中情局》吧！

现今，竞争激烈的商业领域，就如同战场一般，掌握竞争对手的动态已经变得越来越重要。尤其是在国际舞台上，更要清楚竞争形势和对手的底细。在战场上总是会有"雷区"，你必须要学会如何辨认出它们，以避免误入"雷区"。掌握了精确的情报，就好比是在黑暗中拿着一支手电筒。它虽然不能帮你清除掉路障，但它却能把这些障碍——照亮，以免你被绊倒。

以上这段话，开宗明义，说出了"商业情报"的本质意义、道义价值和法律边界。

这是一本好看而又耐看的书。

《商界诡道——建立一个属于企业自己的中情局》校编两遍了，还想再读。我甚至想，它不但值得企业老板、高管和政府官员阅读，也非常值得我们中国的学者、教授和大学生阅读。

本书特别引人入胜、拍案叫绝的是，若斯特曼不是就情报理论说情报理论，而是引述了他亲身经历的大量案例，其中有成功的经验和喜悦，也有失败的教训和沮丧。为了求真，不出纰漏，作者特别告诫读者，"信息并不直接等于情报"（information is not intelligence），所以，"情报官员与情报分析人员，二者惺惺相惜"，他们不是我们熟悉的电影中描写的那种相互争功摩擦的对手，所有成功的案例，客户无论是政府，还是商业机构，所有情报活动参与者，都处于一种"绝妙的共生关系"。而书中几乎所有惊心动魄的案例，也都体现了作者表述的这种"perfect symbiosis"。

是的，就书的立意、主题和写作而言，作者本人的权威性现身说法，是本书的特色和不可多得的价值所在。

F.W.若斯特曼，现居美国佛罗里达州的棕榈滩，是一名为中情局情报部门效力了24年的老战士，1990年，他作为高级情报部门的一名精英（等同于少将军衔）光荣地退休。同时，他还兼任了中情局传奇的秘密训练基地——"农场"的教员。若斯特曼撰写的许多关于商业情报的文章，都被刊登在《巴尔的摩太阳报》、《迈阿密先锋报》，《棕榈滩往事》等知名的报刊杂志上。尤为可贵的是，从中情局退休之后，若斯特曼又创立了CTC国际集团有限公司，使他基于长期实践经验总结出来的情报理论："无商不间"、"求真务实"、"按需知情"、"忠诚守职"、"合作共生"等基本原理、原则，以及"风险分析、定向搜集和反间谍活动"的方式方法，有了在商业领域进一步实践印证的机会。事实上，CTC公司已经被公认为商业情报领域的先驱者和领导者。

因此，本书对于正在和已经走向全球的中国企业家，对于正在和将要走向共生崛起的中国公民而言，可以作为一本枕边书、床头书来读。

本书两位译者，虽是新人，但态度十分认真。由于书中牵涉到大量的特工行动，作者出于职业习惯，用的全都是情报学的术语和行话。这大大地增加了翻译的难度。加之情报学本就是极其隐秘晦涩的，许多"黑话"、"行话"一旦翻译成中文，语意就可能变样。而且，由于某些事件的敏感性或特殊性，书中提到的许多案例也几乎无处可寻，很难找到更详细的材料为读者做出进一步的佐证，这点十分地遗憾。在与译者的交流中，我们为了增强文章的可读性，也为了尽量还原出原文在描述案例时的那份惊心动魄，所以，在翻译和编辑加工时，译者并不拘泥于雕词琢句、强从直译，只求能达意传神，留住原味便好。

建议出版社尽快出版，让更多人分享到情报业这一积极成果。毕竟，"间道"，并非损人利己的诡诈之道，而是一门高超卓越的艺术。

钱宏

2012年11月26日

（本文作者钱宏：中国作协会员，无党派人士，"全国优秀中青年编辑"称号获得者，全球共生研究院总干事，曾主持国家"九五计划"重点图书《国学大师丛书》并作《重写近代诸子春秋》，著有《爱与思语——追寻可能的世界》、《中国：共生崛起》、《原德：大国哲学》等。）